I0842561

Du bist Werbung

Der Mensch als modernes Werbemedium

Herstellung und Verlag:
Books on Demand GmbH, Norderstedt

ISBN: 9-783837-076547

Bibliografische Information der Deutschen Nationalbibliothek
Die Deutsche Nationalbibliothek verzeichnet diese Publikation in der Deutschen
Nationalbibliografie; detaillierte bibliografische Daten sind im Internet über
http://dnb.d-nb.de abrufbar.

Layout by: no5werbung.de - Werbetechnik & Marketing
Pictures by: Christoph Ruhland – www.yarik.de Load by: aboutpixel.de

Vorwort vom Autor

Ich mache seit Jahren Werbung. Ich bin in eigener Sache und im Auftrag meiner Kunden immer auf der Suche nach dem Besten Weg SIE zu erreichen und zu animieren Ihr Geld auszugeben. Ich schreibe nicht zum Spaß, sondern aus Überzeugung und aus dem Drang Sie über die Marotten und dunklen Ecken der Werbung aufzuklären.

Du bist Werbung – ist ein Buch für jeden der schon mal Werbung gesehen hat, für Unternehmer die auf der Suche nach guter Werbung sind, für die, die denken das Zeitungsanzeigen reichen würden und die Menschen, die Werbung und Marketing interessant finden. Dieses Buch soll auf keinen Fall zum Lernen verwendet werden. Für einen Werbeguru wird das auf den folgenden Seiten nicht reichen.
- Sorry -

Ich möchte an der Stelle allen danken die mir in der Zeit geholfen haben. Meinem Sohn das es ihn gibt, meiner Frau, meiner Mutter und meinem Vater, der restlichen Familie, meinen Freunden und meinen Mitarbeitern die die Arbeit gemacht haben, während ich dieses Buch geschrieben habe. Jungs – das Schild machen wir dann noch mal neu.

Sie und Er oder: Die Anderen

Er sieht zu Ihr auf und sagt >> … wenn wir uns nur um deine Probleme kümmern dann… << er wird unterbrochen weil sie ihm die Eiswürfel aus der Cola nimmt. >> Du weißt nicht mit was für einem Wasser das Eis gemacht wurde. << Ein zehnjähriger erschießt die Frau 10 Minuten später, weil eine chinesische Mädchenhandballmannschaft verliert. Mexiko greif die USA an und nur ein Mann taucht immer wieder auf.

Wir sehen einen Film. Ist er kompliziert? Nun, lassen wir den Film mal kompliziert sein und wir verstehen ihn erst in der Mitte. Ist er schwer zu verstehen? Warum können wir nicht gleich kombinieren worum es in dem Film geht? Ist er schwer? Werden uns in dem Film schwere Rechenaufgaben gestellt die wir im Kopf lösen müssen, um den Sinn des Films zu verstehen? Wenn Sie die Rechenaufgabe nicht lösen können, werden Sie den Sinn bzw. den Schluss des Films nicht verstehen.

Warum schauen Sie sich das an? Haben Sie nichts besseres zu tun? Ahhh… Ihnen wurde gesagt, der Film ist gut. Warum hören Sie auf Ihren Bekannten und kaufen sich auch die DVD? Wollen Sie einen guten Film sehen? Warum sehen Sie nach 36 Minuten weiter auf den Fernseher wenn Sie den Film überhaupt nicht verstehen?

RICHTIG! Es liegt auf der Hand das Sie weitersehen, weil Ihnen gesagt wurde, dass der Amerikaner und seine Frau durch Eheprobleme in den Urlaub getrieben wurden

und die Waffe durch einen Deal mit den Chinesen nach
Mexiko gekommen ist.
Sie schauen sich den Film weiter an, um sich dieses
komplexe Zusammenspiel von Zeit und
Zusammenhängen zu geben. Am Schluss wird Ihnen eh
die Auflösung gegeben. Also lehnen Sie sich zurück und
geben Sie sich fast 60 Minuten blankes Unwissen, damit
Sie sich von Hollywood die Auflösung vor die Nase
setzen lassen.

Werden Sie Ihrer Frau/Freundin von dem Film erzählen?
Nun er ist spitze und Sie haben fast vor dem Fernsehen
gestanden, als die letzten 20 Minuten gezeigt wurden. Sie
werden Ihr auch den Namen des Films sagen, weil Sie
ihn so toll finden.

Was sind Sie? Ein Verkäufer? Ein gottverdammter
Vertreter der nicht besseres zu tun hat als anderen
Menschen Filme zu verkaufen?

Während ICH den Film sehe kommt meine Frau zur Tür
hinein. >> Und? << Was soll ich sagen? Ich sehe das Sie
beim Frisör war und sage Ihr das sie sehr schön aussieht.
>> Warst du beim Frisör? << frage ich. Sie dreht sich
einmal um und sagt >> Schön oder? << . Was soll ich
sagen? Natürlich gefällt Sie mir. Sie sieht wunderschön
aus. >> Warst du wieder bei Elke? << >> Ja! Die haben
da diese Woche ein Angebot. All in One plus Farbe. <<.
Soll ich nach der Preis fragen? Sie hat es doch eh schon
ausgegeben. Wenn ich jetzt frage bekomme ich alle
Informationen die ich haben will. Wo Sie war, was sie
erhalten hat und was sie dafür ausgegeben hat.

Verdammt, ich mache sehr lange, aus Überzeugung
Werbung. Lasse ich mich auf das Spiel ein? Ich bin doch
ein guter Ehemann und will nicht dastehen wie ein
schlechter Mensch oder wie ein Mann dem Geld völlig
egal ist. Also: Was mache ich? RICHTIG! Ich frage Sie
>> Und was hast du dafür ausgegeben? <<

Jeden Tag erkenne ich das unsere Gesellschaft von
Neidern und Besserwissern immer über den Konsum des
anderen bescheid wissen muss. Egal was wir sehen und
egal wo: Wir denken nur an uns und denken nicht
darüber nach, wenn wir unseren Gegenüber fragen wo er
ES her hat und was er dafür ausgegeben hat.

Mein Vater ist im Fitnessstudio und ich weiß wo und
was er dafür im Jahr bezahlt? Will ich das wissen? Ich
werde dort nicht hingehen! Ist mir sein Geld wichtig?
Nein, denn es ist seins. Warum weiß ich was das
Fitnessstudio in der Stadt kostet? Er hat es mir gesagt,
obwohl ich Ihn nicht gefragt habe.

Ich bin kein Professor oder Wissenschaftler. Ich mache
seit Jahren Werbung und muss immer wieder erkennen,
dass der beste Wirt immer der Mensch ist. Ich kenne
Unternehmer die 1,5 Millionen Euro im Jahr für
Werbung ausgeben. Es gibt auch Geschäftsmänner die
auf die Idee setzen und 500 Euro im Jahr investieren und
sich vor Aufträgen nicht retten können.

Ich schreibe für Unternehmer und Konsumenten. Beide
werden erfahren was es heißt selbst die Werbung zu sein.
Sie sind keine Werbung? Sie werden sehen, dass Sie Tag
für Tag ein Werbeträger sind. Auch wenn Sie meinen,

dass Sie nicht zu der Gruppe der „Schwätzer" gehören,
werden Sie nach dem Buch sehen, dass Sie schon lange
ein Wirt sind.
Sie wollen keiner sein? Dann lesen Sie schnell weiter,
um zu erfahren wie Sie die Werbung umgehen können.
Wollen Sie Werbung umgehen? Lassen wir das im
Raum.!

Ich und Werbung

Warum wissen immer alle anderen die mich in der
Fußgängerzone sehen wo ich gerade war? Warum wissen
alle, dass ich bei dem teuersten Konditor der Stadt war?
Keiner weiß was ich gekauft habe, aber jeder weiß wo
ich war. Ich will das nicht! Aber ich habe keine andere
Möglichkeit die gekauften Sachen zu tragen. Genau – ich
habe eine Tüte vom Konditor bekommen auf der in
großen goldenen Buchstaben sein Name steht.

Mir kommt eine Frau mit einer Tüte von Karstadt
entgegen. In dem Moment sage ich zu mir selbst >> Ich
wollte mir schon lange einen Hut kaufen! So einen Hut
wie ihn der eine Sänger immer trägt. << Ich gehe zu
Karstadt und finde schnell das Richtige. Ich kaufe mir
den Hut und setze ihn sofort auf. Ich will keine Tüte
haben, weil ich keine Werbung durch die Gegend tragen
will, für die ich auch noch ein paar Cent an den
Ladeninhaber bezahlen muss. Auf meinem Weg nach
draußen bemerke ich das die Menschen mich
überdurchschnittlich lange anschauen. Warum? Wegen
der Konditortüte die ich durch die Gegend trage oder
dem Hut?

Auf meinem Weg zum Parkhaus sehe ich ein Plakat auf
dem steht „Sehen Sie mehr!". Nun ich will nicht mehr
sehen als ich schon sehe, aber der Spruch von dem
Augenoptiker bringt mich auf die Idee mir endlich mal
eine Sonnenbrille in Sehstärke zu holen. Wie es der
Zufall will liegt der Optiker auf dem Weg zum Parkhaus
und ich habe doch tatsächlich noch Zeit. Kurz bevor ich
zum Optiker hineingehe wird mir eins klar: Es hat recht!
Wenn ich mir eine Sonnenbrille in Sehstärke hole dann
„Sehe ICH mehr".
Ich bin beim Optiker fertig und gehe mit dem neuen Hut
auf dem Kopf aus dem Geschäft. Als ich gerade um die
Ecke biege, kommt mir ein guter alter Bekannter
entgegen. >> Hey! Du hier nicht in Hollywood?! << er
mustert mich von oben bis unten und sagt >> Schicker
Hut! Ist das nicht so einer den auch der Sänger immer
trägt? Na wie heißt der den?! Der…. << ich falle ihm ins
Wort und in seine Gedanken und sage >> RICHTIG!
Roger Cicero! <<. Nach einem zustimmenden Nicken
fragt er >> Was machst du den um die Uhrzeit in der
Stadt? <<. Ich halte meine Tüte hoch und sage >> Ach,
ich war gerade in der Stadt, um mal ein paar Leckereien
zu holen. Da war ich noch beim Optiker hier um die Ecke
und da treffe ich dich. <<. Die weitere Konversation ist,
um ehrlich zu sein, an mit vorbei gegangen, weil ich eins
erkannt habe: Ich habe gerade ungewollt Werbung
gemacht.

Als ich vor dem Kassenautomaten des Parkhauses stehe,
sehe ich auf die Parkkarte die ich beim Hineinfahren
gezogen habe und sehe auf der Rückseite ein Angebot
von der Waschstrasse im Industriegebiet. „Beim

Vorlegen der Karte, erhalten Sie eine kostenlose Wachsung". Ich will mein Auto nicht waschen geschweige den wachsen, also stecke ich die Karte in den Automaten, bezahle, bekomme die Quittung (wo auch die Werbung gedruckt ist) und mache mich auf den Weg nach Hause. Gerade an der ersten Ampel angekommen, sehe ich das Fitnessstudio wo mein Vater immer hingeht. Ich schaue stolz auf meinen Bauch und denke mir >> Na ja… so viel kostet es nicht und durch meinen Vater würde ich wahrscheinlich auch noch Prozente bekommen. << Die Ampel wird grün und ich fahre weiter. Mein Handy klingelt und ich nehme das Gespräch entgegen. Meine Frau ist dran und sagt mir, dass wir heute Abend noch zu Freunden fahren, weil wir eingeladen wurden. Als das Gespräch zu Ende war, drehe ich mich um und sehe mir das Auto an. Mir wird klar, dass ich nicht mit so einem verdreckten Auto zu Freunden fahren kann. Wie es der Zufall will muss ich durchs Industriegebiet nach Hause und sehe an der letzen Kreuzung des Industriegebietes die Waschstrasse. Natürlich fahre ich kurz dort hin, um mein Auto zu waschen. Als mich der Mitarbeiter fragt was ich für ein Programm haben will sehe ich zur Auswahl hoch und überlege. In dem Moment sagt der Mitarbeiter >> Wenn Sie das Premium-Paket nehmen, bekommen Sie kostenlos Münzen zum Saugen dazu. <<. In dem Moment fällt mir ein das ich doch das Wachsen auch kostenlos habe, hole die Quittung vom Parkhaus raus und sage >> Na dann! Geben Sie mir das Glanz-Paket, dass Wachsen habe ich ja eh gratis. << und lege dem Mitarbeiter das Ticket vom Parkhaus auf den Tresen. Er bedankt sich, rechnet mit mir ab, gibt mir die Saugmünzen und wünscht mir einen schönen Tag.

Ich fahre nach Hause und öffne die Haustür. Meine Frau
schaut mich mit schräg gestellten Kopf an und sagt >>
Na Roger?!... Das ist ja cool! Wo hast du den denn her?
<< . Ich schaue Sie mit verschmitztem Blick an und sage
>> Von Karstadt! <<. Ich gebe ihr die Tüte vom
Konditor in die Hand >> Hier mein Schatz für heute
Abend! <<. Sie nimmt die Tüte in die Hand >> BOAH
bei dem Konditor warst du?! Du bist ein Engel! <<. Sie
schaut aus dem Fenster >> Das war doch nicht nötig! Wo
hast du das Auto so schnell gewaschen? <<
Kürzen wir das ganze ab. Natürlich habe ich Ihr gesagt
wo ich das Auto gewaschen habe, dass ich das Wachsen
kostenlos bekommen habe, weil ich im Parkhaus geparkt
habe und das ich meinen guten Bekanten getroffen habe
nach dem ich vom Optiker raus gekommen bin.

Als der Tag nun zu Ende war und ich im Bett lag wurde
mir eins klar:
Ich war heute Wirt. Ich habe Werbung gemacht ohne das
ich davon etwas hatte. Habe ich heute anderen Menschen
Prozente verschafft? Hatte ich eine finanzielle Anregung
diese Werbung zu machen? NEIN, aber dennoch habe ich
es getan.

Ich bin im Mahlwerk des Marketings der großen
Unternehmen. Ich bin ein Werbeträger gewesen ohne das
ich es wollte und ohne das ich etwas dafür bekommen
habe.

Natürlich habe ich heute Vergünstigungen bekommen
und etwas gespart aber warum habe ich anderen
Menschen von meinem Kaufverhalten erzählt?

Wenn ich mich das frage, dann hinterfrage ich die gleichen Dinge wie die modernen MLM Unternehmen bzw. Schneeballsysteme die auf Empfehlung basieren und jeder etwas davon hat.

Finden Sie das toll? Keine Angst das ist kein Buch wo von Hausfrauenverkaufspartys die Rede ist.

MLM und Co

Wenn Sie durch solch ein „Empfehlungsmarketing" reich werden wollen dann fangen Sie an.
Suchen Sie sich einen Anbieter und… HALT Sie brauchen einen Menschen der sich bereits der Mühle hingegeben hat und der Sie „Sponsort". Wenn Sie so einen Menschen gefunden haben, dann können Sie anfangen. Es ist einer der erfolgreichsten Verkaufsmodelle unsere Zeit.

Besonders interessant sind die Kalkulationen die Ihnen zeigen wie Sie in kürzester Zeit reich werden können. Nicht nur das! Sie bekommen Autos oder sonstige Luxusgüter ohne dafür einen Cent auszugeben. Schauen Sie sich gut die Stufen an die Sie erreichen können. Ab einem gewissen Punkt erhalten Sie Geld ohne etwas dafür zu tun. Achten Sie auch auf die Personen die als Beispiele aufgeführt werden. Vielleicht werden Sie so einer Person auch vorgestellt.

Ich habe mit meiner Frau einige „NETWORKMARKETING – Anbieter" ausprobiert. Nun werden Sie sagen „ausprobiert" reicht nicht, man

muss mit Leib und Seele dabei sein um Erfolg zu haben.
Das stimmt! Und glauben Sie mir, meine Frau und ich
waren zu genüge mit Leib und Seele dabei. Dennoch war
der Reichtum irgendwie ausgeblieben.

Das Prinzip ist einfach: Sie suchen sich jemanden in der
Verwandtschaft, überzeugen Ihn und verkaufen Ihre
Produkte oder Ihre Dienstleistung. Wenn nun Ihr
Verwandter davon begeistert ist, wovon wir einfach mal
ausgehen, wird er es seinen Freunden und Kollegen
erzählen wie toll das ist was er hat. Vergessen Sie nicht,
dass die Verwandtschaft sich Sachen andrehen lässt nur
aus Sympathie. Lassen Sie dem ganzen etwas Zeit.
Versuchen Sie auch andere Menschen von dem
Geschäftskonzept zu überzeugen und Sie werden
anfangen im Schlaf Geld zu verdienen. Klingt das nicht
super?

Sie müssen nur ein bisschen Geld in die Hand nehmen,
oder auch nicht, aber Sie müssen auf jeden Fall die
Werbetrommel rühren. Sie werden merken wie einfach es
sein kann, seine Haushaltskasse aufzubessern bzw. sein
Leben zu verändern mit ein bisschen Empfehlung.

Haben Sie es versucht? Haben Sie es vor? Dann machen
Sie es und zeigen Sie der Welt, dass Sie es können. Aber
vergessen Sie eins nie: Sie müssen immer etwas Geld
investieren. Wenn es nicht unbedingt Geld ist dann
zumindest Ihre Zeit, Benzin, Fahrkarten oder Ihre
wohlverdiente Freizeit nach der Arbeit. In der Zeit und in
Ihrem Arbeitswahn werden Sie merken, dass Sie nicht
viel davon haben. Solche Verkaufsmodelle werden oft
mit Träumen und Wünschen beworben.

Ich habe sehr viele kennen gelernt, die solche Modelle ausprobiert haben und sogar Ihren richtigen Job gekündigt haben, nur um ein besseres Leben zu haben. Sie sind alle keine reichen Menschen geworden. Natürlich gibt es auch Ausnahmen, aber fragen Sie doch mal nach wie lange es gedauert hat oder was da an Zeit drauf gegangen ist.

Alles basiert auf dem Wirt-Prinzip. Der Hersteller baut ein Netzwerk auf, dass auf einem Personenmarketing aufbaut. Keine TV-Werbung, keine Zeitung, keine Flyer oder der gleichen. Die Werbeträger sind die Menschen.

Nicht das Sie jetzt denken, dass es ja grundsätzlich funktionieren muss, da ja die Tüten und der Optiker auch ziehen. Der Unterschied zwischen den Tüten und der Plastikschüsseln ist, dass man nichts für die Tüte bezahlen muss bzw. nur ein paar Cent und man nicht mit einer Plastikschüssel durch die Stadt rennt. Der Wirt sollte es im Optimalfall nicht merken das er überhaupt einer ist. Jeder Wirt der weiß, dass er einer ist, kann seine Funktion den Virus weiterzugeben nicht 100% ausführen.

Besonders unglaubwürdig ist es wenn ein IT-Angestellter versucht etwas über Kosmetik zu erklären. Ein gelernter Klempner gibt Ihnen Anregungen zur Kapitalanlage und zur Investition von Rentengeldern. Sie wollen doch sicher sein, dass Ihnen Ihr Bankberater der Sie seit Jahren betreut etwas dazu sagt oder Ihre Frau von einer Kosmetikerin ein Produkt empfohlen bekommt. Seien Sie ehrlich zu sich selbst. Wenn Sie ebenso denken, begrenzt sich die Anzahl von potenziellen

Wirten auf ein Minimum. Sollte aber nun ein IT-Angestellter etwas über Computer wissen und Ihnen einen Rechner empfehlen, dann werden Sie auf Ihn hören. Er hat schließlich Ahnung. Sollte eine Kosmetikerin etwas von neuen Produkten erzählen und Ihnen einige Proben da lassen, dann werden Sie sicher nicht zweimal darüber nachdenken sich so ein Produkt anzuschaffen.

Diese MLM –Varianten sind eine Form von Marketing. Es gibt über ein Dutzend Marketingmodelle die Ihnen Produkte schmackhaft machen sollen. OK, genau genommen ist jedes Marketingmodell dafür da.

Um Ihnen nun ein besseres Verständnis zu vermitteln was eigentlich Marketing und was Werbung ist, müssen Sie sich komplett von den Ihnen bekannten Werbeformen und Wegen trennen. Vergessen Sie was Sie bis jetzt an Werbung gesehen haben und welches Medium Sie zu einem Kauf angeregt hat.

Marketing

Marketing ist die Urform von Werbung mit der alles losgeht. Wenn eine Firma versucht Ihnen ein Produkt schmackhaft zu machen, wird mit dem Marketing angefangen. Marketing bezeichnet die Ausrichtung der Entscheidungen am Markt. Das bedeutet nicht das dass Unternehmen sich an unternehmensinternen Gegebenheiten wie Produktionskapazitäten oder Mitarbeitern orientiert. Marketing bedeutet das dass Unternehmen die gesamt Planung, Analyse, Umsetzung und Kontrolle auf den gegenwärtigen und zukünftigen Absatzmarkt ausrichtet. Dadurch, das Unternehmen Ihre Produkte am Markt ausrichten, wird das Marketing zur zentralen Funktion in einem Unternehmen.

Ein Marketingmodell beinhaltet Aktionen und Preise für Produkte, die Kommunikation und Distribution. Wenn Sie nun versuchen ein Marketingmodell für Ihre Firma aufzustellen, dann kaufen Sie sich Fachliteratur oder suchen Sie sich jemanden der Ihnen dabei hilft. Wenn Sie das Buch zu Ende lesen, dann können Sie es schon fast alleine. Es gibt zu viele Beispiele von Unternehmen die sich komplett in die falsche Richtung orientiert haben und sehr, sehr viel Geld in den Sand gesetzt haben.

Das Marketing ist das Instrument welches bestimmt wie sie infiziert werden sollen. Es bestimmt wann, wo und wie Sie von Produkten erfahren sollen und was Sie bewegen soll jene Produkte zu kaufen. Zielgruppen werden definiert, Vorlieben und Angewohnheiten der Zielgruppe werden erfasst. Wenn Sie denken, dass es das war, dann täuschen Sie sich. Es wird bestimmt wo Sie etwas kaufen und zu welchem Zeitpunkt, welche Farben Sie zu welcher Jahreszeit bevorzugen und wie Sie die Produkte einsetzen werden.

Es gibt Firmen die sich Tag für Tag damit beschäftigen wie Sie besser zu erreichen sind und analysieren was Sie bevorzugen.

Bei Klassenlotterien werden Sie am Telefon gefragt welche Werbenummer Sie auf Ihrer Werbung haben. Das hat einen Sinn. Wenn Sie mitspielen sollten, dann erhält die SKL Ihre Adresse, sowie Ihr Alter und alles was Sie zum Spielen benötigen. Natürlich benötigt die Firma das, damit Sie mitspielen können. Warum werden Sie nach der Werbenummer gefragt? Ganz einfach: Das Werbemedium wird mit Ihnen in Verbindung gebracht. Somit kann das Marketing bestimmt werden. Was hat Sie dazu bewegt aufgrund der Werbung anzurufen? Durch tausende Mitspieler wird ein Raster erstellt in dem Sie sich auch befinden. Die Werbung wird immer anders ausgelegt. Sie bestimmen das nächste Werbemedium des Unternehmens. Sie wollen schließlich nicht immer das gleiche im Briefkasten haben.

Natürlich können Sie nicht speziell bedient werden. Es ist logistisch unwirtschaftlich nur Ihnen persönlich eine zugeschnittene Werbung zukommen zu lassen. Durch den so genanten Auto-Respond erhält Ihr Ort, Ihre Stadt und Ihr Bundesland eine Klassifizierung. Baden Württemberg spricht auf ganz andere Werbemedien an als Niedersachsen oder Berlin.
Achten Sie darauf wie oft Sie gefragt werden, wie Sie auf das Produkt gekommen sind. Verständlich, weil das

Unternehmen wissen muss welche Marketingwege
fruchten und welche nicht.

Gehen wir das mal einfacher an. Sie haben eine Firma,
sagen wir eine Bäckerei. Sie verkaufen Brötchen und
Brot. Ihre Produkte werden immer gekauft und zum
Samstag und Sonntag besonders. Ihren Standort müssen
sie gut wählen. Achten Sie darauf, dass Sie nicht
unbedingt zweihundert Meter weiter eine andere
Bäckerei zum Konkurrenten haben. Bevor Sie nun Ihr
Sortiment bestimmen sollten Sie analysieren was die
Menschen in dem Bundesland bzw. der Stadt am liebsten
essen. Wenn Sie das wissen, dann geben Sie den Kunden
die Möglichkeit Ihnen mitzuteilen was er am liebsten in
Ihrer Bäckerei hätte. Es gibt Bonuskarten, Rabatte und
Aktionswochen. Wenn Sie als Kunde zu einer Bäckerei
gehen fallen Sie zu genüge auf solche Marketing-
Rahfinessen rein. >> Wollen Sie nicht 10 Brötchen zum
Preis von 6? <<. Nun Sie bekommen 4 Brötchen
geschenkt obwohl Sie eigentlich nut 5 haben wollten,
kaufen Sie eins mehr. Denken Sie nicht, dass die 4
Brötchen dem Bäcker wehtun. Das ist eine
Marketingstrategie die immer öfter benutzt wird. Ist
Ihnen schon mal aufgefallen das es draußen vor dem
Bäcker immer so herrlich nach frisch gebackenem richt?
Man wird animiert hineinzugehen. Solche Düfte werden
nicht aus Versehen auf die Straße geblasen. Das passiert
kontrolliert, um Ihnen den Saft in den Mund zu treiben.
Sie sollen Lust auf ein Stück vom Bäcker bekommen.

Das wird übrigens auch in anderen Branchen gemacht.
Der Duft soll Sie beeinflussen.

Es gibt sogar Duftprofis. Diese Duftprofis erstellen mit unterschiedlichsten Essenzen eine Mischung die Sie animieren soll.

Nicht nur der Bäcker bedient sich an Düften. Selbst Ledergeschäfte lassen sich Düfte anmischen die im Laden und vor dem Laden verströmt werden. Haben Sie schon mal pures Leder gerochen? Unbehandelte Stoffe sind in der Regel nicht so prickelnd.

Auch die Autoindustrie benutzt Düfte, um Ihnen ein schönes Gefühl im Fahrzeug zu geben. Jeder von uns kennt den Geruch von Neufahrzeugen. Dieser Duft wird speziell bei der Fertigung in das Fahrzeug implementiert. Der Duft ist sogar zeitlich festgelegt. Nichts wird hier dem Zufall überlassen. Das Ganze geht sogar so weit, das die Hersteller auf unterschiedliche Düfte setzen. Achten Sie darauf! Ein Mercedes riecht nicht so wie eine Honda oder ein Toyota.

Sind Sie schon mal bei Aktionstagen zum Elektrohandel gegangen und haben Ihre elektrische Zahnbürste abgegeben um 25,00 Euro Rabatt zu bekommen, wenn Sie eine neue kaufen? Wenn nicht, dann kennen Sie jemanden der es getan hat. Wahrscheinlich wissen Sie auch wie toll diese neue Zahnbürste ist. Marketing leitet Sie zu dem Produkt und bestimmt Ihren Kauf. Ebenso wie das Marketing weiß was Sie wollen und wie Sie es verpackt haben wollen, bestimmt es auch die Werbung. Wie hätten Sie gerne die Information?

Werbung und Gehirnwäsche Deluxe

 Haben Sie schon mal darauf geachtet wo und wann Sie mit Werbung konfrontiert werden? Ich habe beim Parken vom Wachsen erfahren. Auf dem Weg zum Auto wurde ich an meine Sonnenbrille erinnert. Werbung ist das was Sie anspricht. Werbung ist das was Sie sehen und hören, riechen oder fühlen. Das interessante ist, dass sie diese Medien nicht nur einfach sehen und hören, sondern das Sie diese konsumieren. Ihnen werden zum größten Teil die Informationen eingetrichtert. Ob Sie wollen oder nicht. Milliarden an Euro oder Dollar werden Jahr für Jahr für das Beeinflussen von Menschen ausgegeben.

Werbung ist eine planmäßige Information, die Sie zu einer kalkulierbaren Aktion beeinflusst. Marketing bestimmt Werbung und Werbung transportiert die Botschaft. Die Werbemittel sind nahezu unendlich. Denken Sie darüber nach wann und wo Sie Werbung sehen und die Logos der Firmen versuchen sich bei Ihnen festzusetzen. Es gibt Anzeigen, Kataloge, Plakate, Schaufenster- und Autobeschriftungen, TV-Werbung, Flyer, das Internet und E-Mails.

Denken Sie jetzt ja nicht, dass die Medien willkürlich eingesetzt werden. Jedes Medium wird gezielt eingesetzt. Auch wenn es die Flyer an der Tankstelle sind, diese liegen dort aus einem Grund. Wie in allen Lebensbreichen gibt es gutes und schlechtes. Es gibt Werbung von Kleinunternehmen wo der Chef sich was einfallen lässt nur um Werbung zu machen und es gibt ausgeklügelte Werbekampagnen die ein Ziel verfolgen. Ist Ihnen schon mal aufgefallen das Sie in modernen, lokalen Wirtschaftszeitschriften keine Anzeigen von Änderungsschneidereien finden? Warum kann Ihnen Ihr Bäcker nicht ein Angebot über eine Lebensversicherung machen? Würde es Sie verunsichern, wenn Sie bei einem Autohändler ein Werbeplakat von einer Fußpflege sehen? Beobachten Sie Ihr Umfeld und wo welche Werbung steht. Sie werden immer direkt zu einem Produkte geschickt, wenn Sie bei einem Branchenverwandtem Unternehmen sind. TV-Werbung ist da anders. Diese spielt mehr auf den Konsum hin. Erinnern Sie sich noch an unseren Film den wir erst nach 60 Minuten angefangen haben zu verstehen? Sie schauen sich einfach den Film an, weil Sie wissen, dass er aufgelöst wird.

Unser Gehirn verarbeitet 16 bis 120 Bilder in der Sekunde, die zu einem bewegten Bild zusammengefügt werden. Würde Ihnen auffallen wenn eins der Bilder eine Botschaft beinhalten würde? Studien haben bewiesen, dass der Mensch unterschwellig Botschaften aufnehmen kann ohne diese überhaupt erhalten zu wollen. Der Virus Werbung ist eine immer gegenwärtige Instanz in unserer Wirtschaft und unserem Leben geworden.

Das beste Beispiel wurde mir bewusst als ich eines Tages im Fernesehen eine Show über Mentalisten gesehen habe. Glaube, Können oder Fähigkeiten? Ein Mentalist ist ein Profi im Bestimmen von festen Gegebenheiten. Er erzählt Ihnen eine Geschichte und am Ende bittet er Sie, sich auf eine Stadt zu konzentrieren. Nun, ich habe von meinem Sofa aus mitgemacht. Ich habe an Sydney gedacht. Verwunderlich ist, dass der Mentalist auf einmal „Sydney" als Lösung genannt hat. Natürlich hat der Promi auch an Sydney gedacht. Ein Zufall? Konnte der

Mentalist mir diese Stadt mental übermitteln? Warum haben ich und wahrscheinlich tausend andere Zuschauer an Sydney gedacht? Ganz einfach! Der Mentalist hat mehrfach Sydney gesagt. Nach dem Überprüfen der Aufzeichnungen wurde mir bewusst, wie oft er dieses Wort gesagt hat. Ehrlich gesagt hat das wenig mit Werbung zu tun! Aber hier wird einem bewusst, dass man mit geschickten Wortwendungen eine Botschaft übermitteln kann.

Das wohl größte Werbespe derktakel Geschichte betreiben die Tabakkonzerne. Achten Sie mal auf die Zigarettenwerbungen. Komischerweise sehen Sie nie einen normalen Menschen der einfach nur eine Zigarette raucht. Es sind immer wunderschöne, junge, unabhängige Menschen die losgelöst von Zwängen andere und neue Wege gehen. Achten Sie auf die Farben! Jede Marke bestimmt Ihren Kunden. Egal was Sie für ein Mensch sind. Für Sie gibt es bestimmt die passende Marke. Nun werden Sie als Nichtraucher nicht großartig mitsprechen können, aber als Raucher sollten Sie mal die Werbung Ihrer Marke genauer betrachten.

Sie werden sagen >> Ich Rauche die günstigsten. << oder >> Ich drehe selber den günstigsten Stoff! <<. Das hat einen Grund! Nicht unbedingt das Geld was wir nicht vergessen sollten, sondern die Werbung. Die Marken die Ihre Werbung zu 80% auf den Kosten-Nutzen aufbauen, werden von Menschen geraucht die es eben nicht so dick im Geldbeutel haben.

Menschen die besser betucht sind, unabhängig, frei und ungebunden, rauchen die Marken die in der Werbung

Freiheit und das leichte Leben zeigen. Raucher mit Stil
würden nie die Marken der modernen Jugend rauchen.
Die Gefahr in einen Vergleich zu geraten wäre zu groß.

Das Zauberwort heißt Reputation! Der gute Ruf und das
Aussehen bzw. Ansehen spielen in der heutigen Zeit eine
große Rolle.

Ich gehe Einkaufen. Wie alle anderen Mitmenschen auch.
Ich weiß, dass ich am Wochenende Besuch bekomme.
Ich möchte meinen Gästen etwas bieten. Ich fahre die
Rolltreppe hoch, in die Lebensmittelabteilung und gehe
zuerst in die Gänge mit dem Alkohol. Wein kaufe ich
nicht hier. Warum? Der ist doch lecker und kostet nicht
viel! Ganz einfach! Weine zeigen zwar den Geschmack
und die Etikette, aber es muss doch nicht gleich jeder
meiner Gäste sehen wo ich den Wein her habe und
vielleicht sogar ahnen was ich dafür ausgegeben habe.
Lassen wir den Wein stehen und gehen wir einen Gang
weiter! Whisky und alles was dazu gehört! Nun stehe ich
vor einem Namhaften Whisky den wahrscheinlich alle
auf der Welt kennen. Er steht in Augenhöhe und kostet
fast 18,00 Euro. Zwei Regealbretter unter dem
Weltwhisky steht eine Unbekannte Marke die gerade mal
8,00 Euro kostet. Der Geschmack ist fast gleich und ich
weiß nach dem Prüfen der Flaschen das exakt die
gleichen Anteile an Alkohol in den beiden Flaschen ist.
Welche Flasche nehme ich? Nun heute Abend kann es
ruhig mal die Teuere sein.

Als ich mit dem Einkaufen fertig war und Zuhause alles
hingestellt habe, sagt meine Frau, als Sie die Flasche

Whisky gesehen hat >> Ohhh… heute bekommen die Gäste mal was ganz besonderes! <<

Ist es die Etikette? Ist es der Preis oder der Name? Wenn es um den Geschmack geht dann ist es doch eh so, dass nur wenige den Gaumen eines Sommeliers haben. Und komischerweise ist es immer so, dass die Flasche des Whiskys gerne mal im Blickfeld hingestellt wird.

Wenn Sie einen Werbespot im Fernsehen sehen dann reicht es den Konzernen nicht, dass Sie sich an das Produkt einfach nur erinnern wenn Sie den Supermarkt betreten. Achten Sie auf die Positionen der Waren. Wenn Sie selber ein Geschäft betreiben dann stellen Sie die Top-Produkte nicht unten oder oben hin! Sie werden die Produkte immer in Augenhöhe verkaufen. No-Name Produkte die keiner Marke zugeordnet werden können und um einiges günstiger sind, befinden sich nicht in der Augenhöhe des Kunden.

Gute Werbung setzt Produkte immer mit einem Namen in Verbindung. Denken Sie mal genau nach. Denken Sie an ein Verbrauchsmittel und sagen Sie den dazugehörigen Markennamen.
Reis – Fischstäbchen – Bananen – Schokolade – Milch – Spaghetti. Natürlich hat jeder von Ihnen eine eigene Lieblingsmarke. Und das ist auch gut so, denn anders hätten wir keine große Auswahl.
Wenn Sie nun eine werdende Mutter nach Babynahrung fragt, was werden Sie Ihr für ein Produkt sagen? Sie haben bestimmt sofort einen Hersteller auf der Lippe.
Vielen Dank! Sie haben gerade Werbung gemacht!
Genau das wird von Ihnen erwartet. Sie sind nicht

beeinflussbar von Werbung? Sie sind mitten in der
Mühle der Werbekonzerne.

Werbebotschaften und Bedeutung oder „Verkauf einfach gemacht!"

Oft werden Sie direkt von der Werbung angesprochen.
„Eine Wäsche gefällig?" von der Waschstrasse oder
„Heute schon gewonnen?" von der Spielothek. Achten
Sie auf die Fragen die Ihnen immer zunehmender gestellt
werden. Sie brauchen nicht auf die Suche zu gehen um
Ihre Fragen zu finden. Sie werden Tag für Tag mit
Fragen der Werbebranche konfrontiert.

Telemarketing ist eins der Waffen der Werbung welches
auf Fragen aufbaut. Wenn Sie als Mitarbeiter am Telefon
arbeiten werden Sie durch eine professionelle Schulung
geschickt. Wenn nicht dann sind Sie nur Kanonenfutter.
Wenn Sie was verkaufen sollen dann müssen Sie nicht
nur über das Produkt bescheid wissen sondern, auch über
Ihren Gegenüber.

Egal auf welcher Seite Sie in dem Moment sind, achten
Sie darauf wie viele und was für Fragen gestellt werden.
Ich habe einige Monate als Telefon – Agent gearbeitet
und gebe Ihnen nun ein Beispiel eines Gesprächsverlaufs.

>> Guten Tag Herr Müller, hier ist die Firma ….. mein
Name ist ... <<
>> Ach Ihr schon wieder… Ja guten Tag auch! <<
>> Herr Müller, wir hatten Sie schon vermisst. Geht es
Ihnen gut? <<

>> Ja danke! Aber eigentlich habe ich... <<
>> Doch mal wieder richtig Lust dabei zu sein. Bei dem
schönen Wetter hat man doch richtig Lust was zu machen
oder? <<
>> Ja das stimmt es wird wieder richtig schön! <<
>> Wollen Sie sich mal wieder was gönnen? <<
>> Ja klar aber heut ist... <<
>> Genau der Richtige Tag um damit anzufangen! Sie
sind noch einer des es anpackt oder? << >> Ja schon aber
ich habe kein Geld! << >> Genau aus dem Grund bin ich
ja am Telefon um das zu ändern und Ihnen mal neue
Wege zu zeigen. Oder wollen Sie nicht wissen was ich
für Sie habe? << >> Ja Doch... aber das hat ja wieder
was mit Geldausgeben zu tun! << >> Das Stimmt! Aber
machen wir das nicht ohnehin schon Tag für Tag? <<
>> Ja das Leben ist teuer geworden! <<

Ich brauche das Gespräch jetzt nicht weiter zu vertiefen,
weil ich den Verkauf schon in der Tasche habe. Das
Geheimnis ist das „JA". Haben Sie gezählt wie oft ich
von dem Gesprächspartner ein „Ja" bekommen habe?
Was wird er jetzt antworten wenn ich Ihn erneut frage?
Mit einer wahnsinnig hohen Wahrscheinlichkeit wird
meine Frage wieder mit einem „Ja!" beantwortet.

Je öfter ich dem Konsumenten positive Gedanken
vermittle, desto höher wird die Wahrscheinlichkeit eine
positive Reaktion zu erhalten.

Wenn die werdende Mutter Sie fragt, werden Sie Ihr das
Babyprodukt nennen das Ihnen als erstes einfällt oder mit
dem Sie selber schon gute Erfahrungen gemacht haben.

Der Werbespot im Fernsehen zeigt Ihnen eine
wunderschöne Landschaft und die liebevolle Zubereitung
der Nahrung, sowie dass genaue Prüfen der Produkte
durch den Firmeninhaber persönlich. Natürlich
bekommen Sie nun ein schönes und sicheres Gefühl was
dieses Produkt anbelangt. Besonders wenn der
Firmeninhaber Ihnen am Schluss noch versichert das er
mit seinem Namen zu dem Produkt steht.

Stellen Sie sich nun folgendes Szenario vor:
Der Spot geht los mit der Ansicht auf das
Fertigungsgelände. Sie sehen wie Lastwagen und
Gabelstapler die Logistik abfertigen. In der Halle sehen
Sie die Tonnen an Rohstoffen und die Maschinen die sie
verarbeiten. In der nächsten Szene sehen Sie ein Labor
mit Laboranten die Proben analysieren. Sofort wechselt
das Bild zur Abfüllanlage wie das Produkt in Flaschen
abgefüllt wird und etikettiert wird. Am Ende sehen Sie
den Firmeninhaber der Ihnen versichert für Ihr Kind das
beste zu geben.

Würden Sie das Produkt jetzt kaufen geschweige den
eine Empfehlung dafür aussprechen?
Das Risiko solch einen Spot mit Babyprodukten zu
verbinden wäre ein glatter Selbstmord. Ebenso würde ein
Spot wo das Kind Ihnen sagt das, dass es lecker schmeckt
was es da isst auch wenig bringen. Geht es hier um das
Kind oder sollen hier eher die Mütter und Väter
angesprochen werden, die alles erdenklich Gute für Ihr
Kind wollen?

Es reicht nicht, einfach nur die trockene Botschaft rüber
zu bringen. Sie werden immer wieder durch das genaue

Leiten der Werbung zu positiven Gedanken gebracht.
Wollen Sie ein Produkt was Ihnen ein Unwohlsein
vermittelt?

Logistiker geben gerne an, mit Ihren Flotten und den
strahlenden Mitarbeitern, die sich ohne mit der Wimper
zu zucken für Ihre Sendung aufopfern. Sie wollen
schließlich das Ihre Sendung in guten Händen ist.

Haben Sie schon mal eine Paketabfertigung von Innen
gesehen? Die Mitarbeiter? Wenn nicht, dann haben Sie
nichts verpasst. Ebenso wie die Verhältnisse in den
Paketfahrzeuge. Bevor Sie Ihr Paket erhalten, ist es schon
1465 Mal im Fahrzeug hin und her geschleudert worden
oder sogar schon ein par Mal von den Regalen im
Transporter gefallen. Das wollen Sie nicht sehen.

Das Bild vom Bild

Ich war vor einiger Zeit mal wieder Einkaufen. Ich wollte
meine Frau mit einem leckerem Essen überraschen. Da
wir „normalen" Männer nicht unbedingt die Meister im
Kochen sind danken wir dem Herrn jedes mal auf
Knien, das es Sachen aus der Tüte gibt. Nicht nur das es
einfach ist, MANN muss fast gar nicht Denken um es
hinzubekommen.

Ich ging nun durch den Gang in dem alle Tüten
aneinander gereiht stehen und habe mir überlegt was ich
kochen werde. Ich habe auf die Bilder geachtet und dann
auf die namentliche Bezeichnung. Die Bezeichnung ist
mir eigentlich egal. Hauptsache ist, dass es auf dem Bild

der Tüte richtig lecker aussieht. Mich hat eine Hackbällchenvariante angesprochen. Dieses fertige Essen auf der Tüte war der absolute Brenner. Ich habe nicht lange überlegt und habe alles andere geholt was auf der Tüte stand, um das Essen zubereiten zu können. Die zusätzlichen Dinge waren schnell im Korb und ich noch schneller zu Hause.

Als ich nun in der Küche stand und strickt den Anweisungen auf der Tüte folge geleistet habe, ist mir nach und nach aufgefallen das es in meiner Auflaufform irgendwie anders aussieht wie auf dem Bild. Nun ja was nicht ist kann ja noch werden, wenn ich die Kreation nach 25 Minuten aus dem Ofen hole. Leider wurde ich enttäuscht. Es war zwar lecker, aber irgendwie sah das nicht so aus wie auf dem Foto der Tüte.

Ist Ihnen das schon mal aufgefallen? Egal ob es Obst oder Gemüse ist was in der Tageszeitung abgebildet ist oder der Burger beim Drive In. Die Tiefkühlkost ist auch nicht unbedingt immer so schön wie auf der Verpackung. Irgendwie werden die Frisuren beim Frisör nie so wie die auf den Bildern im Schaufenster.

Das Hotel ist auch nicht unbedingt so schneeweiß wie im Prospekt und das Wasser schon gar nicht so glasklar. Den Pudding bekommt man auch nicht so hin wie es der Hersteller auf der Verpackung zeigt.

Warum wird einem immer ein falsches Bild vorgelegt? Will man uns täuschen oder sogar vielleicht reinlegen? Mal ehrlich unter uns, wenn wir das Originalfoto des Tiefkühlgyros auf der Verpackung sehen würden, dann

würden wir es nicht kaufen. Warum tut man das? Warum
wird immer alles so übertrieben abgelichtet?

Unsere Sinne sind einfach gestrickt. Wenn wir auf der
Verpackung den Inhalt sehen dann muss uns das
animieren. Wir sollen Hunger bekommen oder einfach
nur Lust, dieses Produkt zu benutzen bzw. zu essen. Der
Inhalt bzw. der Serviervorschlag muss deutlich zu
erkennen sein. Ihnen muss eine Vorstellung im Kopf
entstehen wie toll Sie es haben könnten. Bilder sind
wichtig und müssen mit Liebe zum Detail gemacht
werden. Achten Sie die nächsten Tage mal auf die Bilder
die Sie auf Produkten, Plakaten oder Flyern sehen.

Grosse Konzerne die dieses Zusammenspiel erkannt
haben geben sehr viel Geld aus um das perfekte Bild zu
haben. Es ist schließlich das entscheidende Kriterium das
zum Kauf beiträgt.

Wenn Sie selber ein Unternehmen haben, dann können
Sie sich dieses Bausteins auch bedienen. Sie sollten es
sogar tun damit Ihre Kunden ein schönes Bild
bekommen.

Passt nicht – gibt's nicht

So ein schönes Bild von einer wundervollen Frau. Da
bekomme ich doch glatt Lust auf eine Zigarette. Warum?
Nun Sie sitzt an einem Cafetisch und sieht so was von

entspannt aus das, dass total Lust macht auch in so einer Situation zu sein! Dann sollte ich mir noch die neue E-Klasse kaufen damit ich dann mit der Frau auch an einem wunderschönen Bergpass in den Sonnenuntergang fahren kann. Den Kaffee darf ich nicht vergessen damit die Hochzeit ein voller Erfolg wird und damit das Kind dann schnell sprechen lernt muss ich meiner neuen Frau dann noch eine Brille kaufen.

Merken Sie wie Produkte mit Bildern und dem Alltag in Verbindung gebracht werden? Warum können wir nicht einfach nur das Produkt und seine Leistungen gezeigt bekommen um uns dann zu entscheiden ,ob wir das Produkt kaufen oder nicht. Die Eigenschaften und Produktvorteile werden bewusst in den Hintergrund gestellt. Sie wissen doch eh schon das dass Auto toll ist und mit Sicherheit besser ist als sein Vorgänger.

Das moderne Marketing spricht mit den unterschiedlichsten Werbeformen immer auf Ihr Leben an. Woher können die das wissen? Nun werden Sie sagen >> Bei mir ist das nicht so <<. Das ist super bei mir auch nicht, aber wir beide sind doch nicht alle. Denken Sie das die solche Werbung machen nur um zu sehen ob die ins Blaue treffen? Nein – das Marketing hat diese Werbung bestimmt und will die Zielgruppe ansprechen.

Das Bild muss auch nicht immer zu dem Produkt passen. Das wichtigste ist, dass Sie beim Anblick eine bzw. „DIE" Verbindung herstellen. Das ist ein Erfolgsmoment. Und da haben wir schon wieder unser positives Gefühl. Selbst bei Spendenaufrufen wo arme Kinder oder benachteiligte Menschen gezeigt werden, wird am Schluss immer gesagt, dass Sie helfen können. Das ist wichtig, weil Sie sonst kein positives Gefühl haben würden und nicht reagieren. Die Aktion liegt dann in Ihrer Hand. Keiner will Ihnen das Geld aus der Tasche ziehen wenn Sie es nicht wollen.

Ein sehr gut aussehender Mann kommt aus dem Fahrstuhl mit einem Träger Erfrischungsgetränken auf der Schulter, geht zu einem Schreibtisch und stellt den Träger ab. Durch diese sehr schwere körperliche Arbeit ist er gezwungen sich eine Dose zu nehmen und seinen Durst zu löschen. Und die Frauen werden schier verrückt bei seinem Anblick. Dieser Po, diese Arme und diese Haare. Ein Grund mehr den letzten Tropfen von der Dose zu lecken. Für was wird hier eigentlich Werbung gemacht? Sollten wir Männer uns Gedanken machen sobald wir so einen Mann auf der Strasse sehen?

An einer Hauswand hängt ein Bild mit einer wunderschönen Frau und einem schmierigen Mann der eine Brille auf der Nase hat die fast größer ist als sein Gesicht. Darunter steht: „Lust auf einen neuen? – Dann nichts wie hin zu Autohaus Berger!" Sie haben die Botschaft schon verstanden und obwohl sie kein Auto sehen wissen Sie, dass es hier um Autos geht. Noch mehr: Sie können doch Ihren Alten gegen einen neuen tauschen. Der Witz bei dem Bild lässt die Werbung in Ihrem Kopf. Und wenn Sie nun wirklich gerade planen ein neues Auto zu kaufen dann ist es jetzt der beste Zeitpunkt.

Egal was uns an Bildern in Verbindung mit Produkten gezeigt wird, wir fragen uns nie was DAS soll. Gibt es

Werbung die Sie nicht verstehen? Bilder wo Sie rätseln müssen was das sein soll? Nein es ist wie ein Spielfilm: Sie sehen es sich an und brauchen nicht über den Sinn nachzudenken.

Reaktion & Aktion

Selbst feinste Marketingstrategien die auf modernen Modellen basieren, lassen Sie einfach konsumieren. Sie sind nicht der Schauspieler in einem Film in dem Sie den Text auswendig lernen müssen oder sogar nachdenken wie etwas zusammenhängt oder wo Sie vielleicht selber den Schluss bestimmen. Sie sind Statist und lassen sich einfach nur treiben.

Bei Guerilla Marketing wird auf Ihre Reaktion gesetzt. Ihre Reaktion bestimmt dann Ihre Aktion. Eine Waffe der Werbewelt die so präzise eingesetzt werden kann, dass Sie sich nicht wehren können. Das ganze basiert fast auf einem festgelegten Physikgesetz. Je heftiger Ihre Reaktion desto größer Ihre Aktion.

Und hier kommen wir in eine Welt, in der es sich nur wenige Firmen trauen intensiv etwas zu tun. Dieses Modell basiert auf eine redundante Wirkung. Keine Angst es wird nicht schwer oder hoch mathematisch. Sie haben es selber zu genüge erlebt und werden ganz leicht verstehen wie so etwas funktioniert.

Folgende Aufgabe: Sie müssen es schaffen Ihrem Partner, Kunden oder Ihrem Nachbarn eine Reaktion zu entlocken. Dazu kann alles gehören. Verbinden Sie diese

Reaktion mit Ihnen selber oder einem anderem Namen.
Wenn Sie gut sind dann schaffen Sie es sogar diese
Reaktion mit einem Gegenstand in Verbindung zu
bringen.

Was das bringen soll? Nun wenn ich meine Frau im
Dunkeln mit einer Horrormaske erschrecke, die aus
einem Film stammt, dann wird Sie jedes Mal, wenn Sie
diesen Film hört oder vielleicht sogar sieht, an mich und
meine bescheuerte Aktion denken. Merken Sie die
Verbindung? Es muss auf einmal nicht unbedingt ein
positives Gefühl sein das Ihr meinen Namen in den Sinn
treibt. Natürlich kann ich damit keine Pluspunkte
sammeln oder ein Produkt verkaufen. Gott bewahre wenn
ich schon versuchen müsste meiner Frau Produkte zu
verkaufen.

Ein großer Bekleidungskonzern hat vor Jahren eine
Werbekampagne gestartet die in aller Munde war.
Blutverschmierte Plakate mit komischem Inhalt. Es hatte
eigentlich nichts mit schöner Mode zu tun und die
Werbung war sehr anstoßend. Wenn wir es nun von der
anderen Seite sehen ist diese Firma bis heute im
Gespräch, sobald es um Guerilla Marketing geht.

Ich werde immer nach einem Marketingvortrag
angesprochen was ich denn von der Werbekampagne von
damals halten würde. Meine Antwort ist immer gleich
>> Scheint ja eine super Sache gewesen zu sein. Sie
haben gerade den Hersteller genannt! << ich weiß nicht
warum mich dann die Leute komisch anschauen.

Was haben Sie am letzten Wochenende in der Zeitung gelesen? Können Sie sich an das Angebot für 1 kg Gehacktes erinnern? Und wann haben Sie sich bei einer geselligen Runde über ein paar schöne Buletten gefreut? Sehen Sie die unterschiedlichen Zusammenhänge? Mal ungeachtet dessen das wir hier über ein Angebot eines Supermarktes und ein festlich zubereitetes Gericht unterhalten, es geht um dieselbe Grundform von Fleisch.

Der Unterschied liegt einmal an dem Umfeld und an der Gegebenheit des Umfelds. Mit den Buletten verbinden Sie ein Ereignis, einen Witz oder einfach nur einen schönen Abend. Vielleicht haben Sie ja auch nach dem Rezept gefragt was dazu beigetragen hat das Sie sich das Produkt noch besser merken konnten. Wenn Sie nun einkaufen gehen werden Sie, beim Anblick von frischem Hackfleisch, an den Abend, an das Rezept und an die leckeren Buletten denken.

Ist Ihnen aufgefallen wie viele Hersteller, Rezepte anbieten? Zum größten Teil sind diese Rezepte frei zugänglich, kostenlos und gelingen fast immer. SUPER das es Unternehmen gibt die einfach nur was Gutes tun wollen! Die Erklärung dazu ist fast zu einfach um Sie in Worte zufassen. Wenn Sie von einem Rezept lesen was Ihnen zusagt und Sie es für lecker empfinden ist der Verkauf doch nahezu gesichert. Was soll Sie nun davon abbringen das Produkt nicht zu kaufen?

Onlineportale von großen Herstellern bauen fast 80% Ihres Marketings auf so ein soziales Geschäft auf. Kein Trend, sondern die Natur der Menschen. Kunden werden Verkäufer. Denken Sie jetzt bitte nicht an den MLM-

Vertriebler. Sie merken sofort ob Ihnen jemand etwas mit einem Hintergedanken „andrehen" will, nicht zu vergessen, dass Sie noch über diese Person bestellen können, oder ob Sie einfach nur eine Idee oder einen Vorschlag erhalten.

Mitmenschen können ohne große Ambitionen dafür sorgen Sie zu begeistern. Besonders wenn es um ein schönes oder ein Lustiges Ereignis geht. Alles was kommuniziert wird, bekommt zum größten Teil einen emotionalen Touch. Natürlich gibt es auch Menschen die nahezu emotionslos Dinge erzählen können. Wie lange hören Sie zu?

Es gibt 2 Varianten von seinem Urlaub zu erzählen. Die Erste ist, dass Sie einfach, kurz und knapp erzählen wo und wie lange Sie auf Reisen waren. Wenn Sie nicht wollen das andere Sie beneiden dann machen Sie es so. Wenn Sie aber Ihren Urlaub als einzigartig empfunden haben und andere daran teilhaben lassen wollen, erzählen Sie Geschichten, zeigen eine Diashow oder kochen etwas aus dem Urlaub nach. >> Da fahren wir auch hin! << kann dann als Antwort kommen.

Wenn Aktionen zur Gefahr werden

An der Stelle muss man sagen, dass ein Kaufverhalten in der modernen Wirtschaft zu einer Sucht werden kann oder auf eine Sucht aufbaut. Sollten Sie Unternehmer sein dann seinen Sie Mensch genug, diese Sucht nicht zu Ihrem Vorteil auszunutzen, sondern den Menschen zu helfen.

Doch nun zu meiner Odyssee in der Sie sich sicher wieder finden werden. Meine Reise begann an einem bewölkten Freitagmorgen. Betrieblich bedingt war ich in der Stadt und war gerade mit meiner Arbeit fertig geworden. An diesem Tag war es irgendwie anders. Menschen sind hektisch durch die Strasse gezogen. Andere schienen durch ängstliche Schulterblicke auf der Flucht zu sein. Es gelüstete mich nach einem guten Cafe den es nur im Bahnhof gibt. Auf meinem Weg aus der Innenstadt kann es mir vor als wenn ich in Richtung eines Krisengebietes unterwegs sein würde. Eine ungewöhnlich große Menge an Menschen kam mir entgegen. Keiner hat mich beachtet. Nicht das ich darauf bestehen würde, aber es kam einem vor als wenn die Menschenmaßen auf der Flucht sein würden.

Es war ungewöhnlich entspannend beim dem Cafeanbieter, weil fast niemand da war. Ich habe mich für einen Espresso und einen XL Milchkaffee entschieden. An der Stelle muss man noch erwähnen, dass ich bei dieser Auswahl nicht vom Preis oder von einem Werbemedium beeinflusst worden bin. Nun ja… zurück zu dem Eigentlichen.

Auf dem Rückweg sind mir die Massen an Personenkraftwagen aufgefallen die in zweiter Reihe geparkt waren. Nach einem Krisengebiet sah das auf einmal nicht aus. Die Politesse hat schon, alleine durch das Rüberbeugen zum Scheibenwischer vier Kilo abgenommen. Schön zu sehen, dass die Stadtkassen nicht leiden müssen.

Doch nun zum Thema um was es hier im Buch geht. Auffallend war, das Frauen bepackt mit Taschen und einem ungewöhnlich glücklichem Ausdruck zu den Autos gegangen sind. Normalerweise wird immer der Mann mitgeführt um solche Mengen an Ware zu schleppen. An dem Tag war es anders. Die Kraft der weiblichen Geschöpfe ist ins unnormale übergegangen. Auf meinem weiteren Weg ist mir aufgefallen wie ungewöhnlich voll die Tragetaschen waren. In dem Moment klingelt das Handy und ein guter Kunde bittet mich so schnell wie möglich zu ihm zu kommen. Es handelte sich um einen Notfall weil ein Banner im Eingangsbereich heruntergerissen wurde.

Welche Kraft mag es geben, solche einen Banner von seiner Befestigung zu befreien?

Im selben Augenblick erstrahlte ein übergroßes Schild an einer Hauswand. „SSV – alles muss raus!" In dem Moment wurde mir einiges klar. Nur die magische Kombination von drei Buchstaben schaffen es so etwas zu bewirken. Frauen kaufen was Ihnen unter die Finger kommt. Egal ob man es braucht aber es werden gleich 2 genommen, weil wir ja nur einen bezahlen müssen.

In diesem speziellen Fall werden alle Regeln gebrochen.
Das Einzige was in dem Moment zählt ist der Preis.
Diese Aktion ist begrenzt und jeder Unternehmer sollte
sich dieser magischen drei Buchstaben bedienen.
Versuchen Sie nicht eine Erklärung zu finden wie sich
das Verhalten eines Menschen ändert bei dem Erblicken
dieser drei Buchstaben.

Nun wollte ich mir ebenfalls dieses Preisangebot nicht
entgehen lassen. Nachdem ich denn Banner des Kunden
wieder in seine ursprüngliche Position gebracht habe und
diesmal eine Verstärkung eingesetzt wurde, damit der
nächste Kaufwütige der geblendet vor lauter roten
Preisschildern die Stufe übersieht nicht wieder in den
Banner fällt, habe ich mich entschlossen mal nach einem
neuen Drucker für mein Büro zu schauen. Ich habe mich
zu einer Filiale eines deutschen Discounters für
Multimedia auf den Weg gemacht.

Dort angekommen habe ich sofort gesehen, dass auch
dieses Unternehmen sich der mächtigen drei Buchstaben
angeeignet hat und seine Kunden nahezu hypnotisch in
seine Eingangstüren zog. In der oberen Etage
angekommen wurde ich von einer Welle an
unterschiedlichsten Druckern überflutet. Welcher ist nun
der richtige für mich? Was benötige ich für meine
Arbeit? Kann es der Drucker für 39,99 € sein oder sollte
es besser der für 149,99 € sein? Nun ich bin kein Experte
in Sachen IT. Somit habe ich das getan was wohl jeder,
der auf der Suche nach seinem persönlichen Produkt ist,
getan hätte. Ich habe einen beschäftigten Mitarbeiter aus
seinem Arbeitsfluss entrissen und höflich gefragt

>> Entschuldigen Sie?! Können Sie mir helfen? << Der Mitarbeiter drehe sich sichtlich entspannt und überhaupt nicht gestört um und entgegnete mir >> Was kann ich für Sie tun? <<. >> Nun ich suche einen Drucker mit einer guten Preis-Leistung der kleine Drucksachen erledigen sollte. <<. Nach etwa 30 Minuten und dutzend hinterlegten Metern zwischen EG und OG stand ich immer noch vor der „Qual der Wahl". Nach dem erneuten „stören" des gleichen Mitarbeiters wurde er zunehmend angespannter und sagte plötzlich >> Nun wenn Sie ein richtig gutes Produkt haben wollen welches Profiqualität zum kleinen Preis liefert, dann haben wir hier ein reduziertes Angebot. Wenn Sie mir kurz folgen wollen bitte? <<. Welch dumme Frage. Er hat mich an meinem Stolz erwischt. Natürlich werde ich ihm folgen, weil ich ja einen guten Preis haben will und ein Druckergebnis welches unschlagbar ist. Mitten in einem engen Gang stoppt er und zeigt ausladend auf eine Palette von Kartons. >> Hier haben Sie den Office PRO der hauptsächlich von Profis eingesetzt wird. Der ist momentan von 139,00 € auf 99,00 € reduziert. <<. Welch Glücksgriff! Welch Glück das ich hier her gekommen bin und ein Gerät erhalten kann welches mir eine Preisersparnis von 40,00 € einbringt. Der Mirtabreiter hat mir noch etwas zu dem Drucker erzählt was völlig an mir vorbeigegangen ist, weil mein Ego bereits voll auf seine Kosten gekommen ist. Verbrauch? Egal! Wenn ich das Gerät habe zähle ich zu den Profis!

Wie es sich zu einem guten Geschäftsmann gehört habe ich gleich gefragt ob wir an dem Preis noch etwas machen können. Mir war es eigentlich egal weil ich ja eh schon 40,00 € gespart habe. Der Mitarbeiter ist zu seinem

Terminal gegangen und fing an in seinen Bart zu murmeln. Natürlich muss er an der Stelle murmeln sonst würde es ja schon irgendwie nach beschlossener Sache aussehen. >> Tjaaaaa….<< >> Da sind doch sicher noch neun Euro drin oder?<< entgegnete ich auf sein komisches Geräusch. >> Schauen Sie selbst…<< er drehte den Bildschirm zu mir und zeigte mir eine Liste. >> Sehen Sie? Wir haben gerade mal 3,58 € Netto an dem Gerät wenn wir es an Sie verkaufen. <<. Mir hat es die Sprache verschlagen. Ich habe das Gerät genommen und bin zu Kasse gegangen.

Für 139,00 € wäre mir mein Ego egal. Ich hätte ein günstigeres Gerät genommen aber da hat mal wieder der Preis gezogen. Der minimale „Gewinn" kann mir doch egal sein! Die übliche Einstellung bzw. der Gedanke ist das wir hier doch eh „verarscht" werden. Wenn Die 50% reduzieren dann ist doch immer noch genügend für die drin. So ist es nicht!

Preisbruch ohne Limit

Der Markt bewegt sich schneller als der Kunde. Oft wird der Wechsel so schnell vollzogen das selbst der Händler ihn nicht mitbekommt. Leider entsteht bei dem Kunden das Gefühl, das dass Produkt ja unheimlich günstig im Einkauf sein muss.

Der Einkauf bestimmt zwar den Preis kann aber nicht immer mehr in Richtung Null gedrückt werden. Somit muss der Einzelhandel den Preis durch die Maße bestimmen. Die Kalkulation ist sehr einfach. Wenn ich

100,00 € als Gewinn erzielen möchte dann habe ich zwei Möglichkeiten. Entweder ich verkaufe ein Produkt mit dem Gewinn von 100,00 € oder ich verkaufe 100 Produkte mit je 1,00 € Gewinn. Wenn ich es nun plane 100 Produkte einzukaufen werde ich mit Sicherheit einen besseren Preis von der Stelle bekommen wo ich die Ware herbekomme. Gehen wir davon aus das wir unsere Ware 1,00 € günstiger im Einkauf erhalten. Somit müssen wir nichts weiter tun als das Produkte zu dem geplanten Preis zu verkaufen und schon haben wir 200,00 € Gewinn erzielt.

Klingt einleuchtend und scheint sehr einfach zu sein. Der Zusammenhang ist aber ganz anders. Große Konzerne verkaufen gerne mal ein Produkt für +/- Null. Was haben die davon? Was haben Hersteller von edlem Kaffe davon wenn Sie Ihren Kaffee nicht nur im Fachhandel sondern auch in Discountern anbieten und das noch für weniger Geld?

Denken Sie nicht, dass hier ein Vernichtungsschlag geplant ist oder das Sie merken sollen das der Fachhändler Sie über den Tisch zieht. Wenn Sie den Kaffeehändler Ihres Vertrauens fragen werden Sie erfahren das teilweise die Quellen vom Einkauf gleich sind. Selbst wenn der Fachhändler Tonnen von dem Kaffee abnehmen würde, könnte er nur weniger als 2 Euro Gewinn erwirtschaften wenn er den Preis halten würde. Ist das nicht unfair? JA! Es gibt so genannte Fishing – Produkte die Sie einfach in den Laden locken sollen. Genau das gleiche Prinzip entdecken Sie auf vielen Internetplattformen wo Sie die Auswahl von hunderten Produkten haben.

Die Discounter oder Lebensmittelmärkte finanzieren sich nicht nur mit dem Verkauf von Kaffee. Das System basiert auf über 150 Produktgruppen und unterschiedlichsten Gewinnmargen. Achten Sie genau auf die Positionen der Ware. Welches Produkt steht bei welchem Verbrauchsmittel? Sehen Sie eine persönliche Verbindung welche einen Kauf anregen würde?

Menschen und Unternehmen beschäftigen sich hauptberuflich mit dem Aufbau der Regale und dem Zusammenhang der Produktgruppen. Haben Sie schon mal Kaffe beim Käse gesehen? Oder Wurst bei der Zahnpasta geschweige bei den Slipeinlagen?

Jede Produktgruppe hat für sich einen Spitzenprodukt mit hohem Gewinn und ein Produkt mit sehr kleinem oder sogar gar keinem Gewinn. Solche Produkte sind immer mit anderen auf geschickte Art und Weise verbunden! Hinzugenommen wird noch Ihr Kaufverhalten. Batterien befinden sich komischerweise immer an der Kasse. Und das ist auch gut so. Kleinigkeiten die schnell vergessen werden tauchen beim Warten in der Schlange auf. Beobachten Sie was das für Produkte sind. Es sind nie die Noname – Batterien oder günstige Rabattaktionen. Nein bei der Kasse, dort wo Sie nicht mehr zurück können und wo Ihnen noch glatt das Vergessene in den Sinn gerufen wird, kosten die Batterien ein halbes Vermögen.

Vermögen! Irgendwie kommt mir da das Wort Tankstelle in den Gedanken. In der Regel sind Produkte an der Tankstelle immer teurer als im Einzelhandel. Eigentlich sollten Tankesstellen doch genügend Kohle am Sprit machen. Leider nicht. Der Tankstellenpächter erhält pro Liter zwischen 2 und 4 Cent . Der Shop mit dem Querschuss an Produkten macht den Umsatz. Und genau wie im Kaufhaus sind hier die Positionen der Produkte nicht einfach so festgelegt. Auch die Positionen der Waren sind pfiffig durchdacht. Achten Sie auf die Shops der Tankstellen. An den Kassen haben Sie in der Regel immer die gleichen Produkte. Hier gibt es auch Renner – Pennerlisten. Diese Listen legen statistisch fest welche Produkte im Sortiment bleiben und welche nicht.

Ihre persönliche Dienstleistung

Nun habe ich doch tatsächlich die Batterien an der Kasse gekauft, weil ich mit Sicherheit nicht aus der Warteschlange gehen werde nur um günstigere Batterien zu bekommen. Ich packe den Einkauf in den Wagen und gehe Richtung Ausgang. Kurz bevor ich den Supermarkt verlasse, lasse ich meinen Blick über die „Suche-Biete" – Tafel schweifen. In dem Moment spricht mich ein netter Herr an, ob ich ein Prospekt haben möchte. Ich drehe mich um und sehe eine Präsentationswand mit einem ausgestellten Fenster. >> Sind Sie mit Ihren Fenstern zufrieden? <<. In dem Moment bringt mich doch tatsächlich der Fremde zum überlegen. Um Ihm kein Futter zu geben sage ich >> Ja eigentlich schon! << . >> Das ist schön! Wenn Sie wüssten was heutzutage an Energie verloren geht wegen alten Fenstern. <<. Ich nicke nur ab und stecke den Flyer in die Einkaufstüte.

Zuhause ist mir der Flyer wieder in die Hand gefallen und mir ist ein Spruch aufgefallen: „Lassen Sie Ihre

Fenster kostenlos checken!". Beim weiteren Lesen wurde
ich über den katastrophalen Energieverlust aufgeklärt.
Ich habe den kostenlosen Check in Anspruch genommen
und einfach angerufen.
2 Tage später ist ein netter Außendienstmitarbeiter zu uns
nach Hause gekommen und hat unsere Fenster überprüft.
Nach einem kurzen Gespräch wurde klar das man fast
600,00 € an Heizkosten im Jahr sparen könnte. Natürlich
ist das mit einer großen Investition verbunden. Ist Ihnen
aufgefallen wie mich der nette Mann dazu bekommen hat
den Flyer nochmals zu beäugen? Er meinte das es gut sei
das ich mit meinen Fenstern zufrieden bin. Er hat mir ein
positives und sicheres Gefühl vermittelt. Was hat mich
davon abgehalten den Flyer zu lesen? Nichts! Wir
informieren uns schließlich Tag für Tag. Eine
Dienstleistung ist immer mit einem Ausführenden
verbunden. Achten Sie darauf wie oft Sie einfach nur den
Chef oder einen Mitarbeiter sympathisch finden. Dieses
Business wird P2P genannt. Sagen wir einfach es ist ein
„Person to Person" – Geschäft.

Ein moderner Verkauf lebt von Provisionen und
bestimmt dadurch immer den Preis. Jeder Verkäufer der
Ihnen ein individuelles Angebot zusammenstellt, hat
immer seine Provision im Hinterkopf. Ein Chef kann
Ihnen immer den besten Preis geben. Auch wenn es nicht
immer leicht ist den Chef an die Strippe zu bekommen.
Bei einem Mittelständischen Unternehmen hat der Chef
in der Regel immer Ahnung von Preisen und seinen
Ausgaben. Ein Chef hat keine Provision. Es sei den das
es eine große Kette ist und die Preise von der Zentrale
festgelegt werden.

Immer wenn ich etwas von einem Außendienstmitarbeiter kaufe oder ein individuelles Preismodell geschnürt bekomme frage ich die Person was Sie an dem Geschäft verdient hat. Machen Sie das auch mal. Sie werden überrascht sein. Solche Mitarbeiter machen in der Regel kein großes Geheimnis aus Ihrer Provision. Vergessen Sie nie: Diese Provision bezahlen Sie!

Anders ist es bei Dienstleistungen die mit einem festen Preismodell geleistet werden. Sie bezahlen nun einmal den Monteur, Installateur oder den Maler. Sie können es nicht selber. Dort geht es oft über Leistung und Vertrauen. Wenn Sie Unternehmer sind, dann brauchen Sie nicht immer auf den kleinsten Preis achten. Geben Sie dem Kunden ein positives Gefühl. Erinnern Sie sich an das Gelesene. Wenn Ihr Kunde ein gutes Gefühl mit Ihnen verbindet, weil er besonders behandelt wird oder einfach nur sein Auto oder seine Wohnung in guten Händen weiß, muss der Preis nicht unbedingt einem Discountpreis ähneln.„Schönes kostet nun mal!" – und wenn eine Leistung gut ist dann sind wir immer bereit etwas dafür zu bezahlen. Leben und leben lassen. Geben Sie anderen Menschen auch eine Chance. Dienstleistungen müssen nach Qualität und der Ausführung gewertet werden. Leider kann die Werbung auch die Leistung trüben. Eine super Marketingstrategie und das sensationell beschriftete Auto kann auch mal eine Blendung sein.

Hier kann man ruhig mal auf die Meinungen und Erfahrungen der Bekanntschaft oder der Freunde hören. Wenn beides stimmt dann hat es der Unternehmer richtig

gemacht. Leider kann dann an der Stelle das falsche
Werbemittel oder die fast 5cm hohe Beschriftung auf
dem Auto nicht besonders dazu beitragen das Sie noch
mehr Umsatz haben.

Auch hier sollte MANN beachten, dass nicht unbedingt
alles super toll ist was man sich selber
zusammenschustert. Vergessen Sie nie: Der Kunde sieht
so was!

Werbung Marke Eigenbau

Was mir auffällt ist, dass in der Werbung die Kluft
zwischen Preis und Leistung immer größer wird. Ideen
werden immer besser und bei der Überflutung von
Informationen fangen wir alle an Marketingexperten zu
werden. „Besser geklaut als beschissen selber erfunden.".

Ein Kunde bittet mich zu ihm zu kommen. Er braucht
Werbung und würde gerne mit mir darüber sprechen. Das
bedeutet, dass der Kunde zu 50% schon weiß was er will.
Nicht nur das, sondern auch wie und in welcher Form er
es haben will. Natürlich hat er sich schon einen Preis im
Internet geholt und weiß somit schon längst was er für
seine Werbung ausgeben will.

Im Gespräch merke ich das der Kunde eigentlich selber
ein Werbetechniker ist. Nicht nur das, er ist auch ein
Werbetexter und Grafiker über Nacht geworden. Warum
wollte er nun, dass ich zu Ihm komme? Meine Ideen und
Ausarbeitungen sind doch eh überflüssig. Oft ist es leider
so, dass der Kunde einfach eine Bestätigung haben

möchte und es etwas an Wissen über die Umsetzung im grafischen Bereich fehlt.
Nun wollen wir ja alle Geld verdienen oder gegebenenfalls Geld sparen. Das Einzige was der Kunde in solchen Momenten vergisst ist, dass solche Selbstverwirklichungsaktionen oft nur Leid hervorrufen. Das Aussehen der Flyer oder Visitenkarten wirkt immer etwas einfach und stupide.

Die Werbetechnik, wie zum Beispiel das Montieren der Schriftzüge auf dem Auto oder das Befestigen von einem Banner an einer Hauswand kommt leider immer zu kurz. Als Entschuldigung kommen dann immer solche Sprüche wie >>Hauptsache die Information ist zu lesen. << oder solchen schönen Flüchten wie >> Hauptsache die Leute sehen das hier was passiert. <<

WAS? Der Banner ist mir Draht an den Zaun angebracht. Die Visitenkarten sind auf dem eigenen Tintenstrahldrucker gedruckt und die Autobeschriftung scheint von einem Auto mit Totalschaden geklaut zu sein. Hauptsache die Leute sehen das was passiert? Sollen die Menschen denken, dass die Firma in den Konkurs geht? Werbung ist Ihr Aushängeschild nach außen und es sieht aus als wenn Sie gerade so über die Runden kommen?

Besondern bemerkenswert ist die Scharfsinnigkeit der Unternehmer in Sachen „Sparen". Leider kommt es zu oft vor das der Unternehmer denkt, dass wenn er die Werbung selber organisiert immer einen Haufen an Geld sparen kann. Dazu ein kleines Beispiel was Ihnen zeigen soll wie so was „Voll Egal" sein kann.

Bei einem Reparaturservice sehe ich das jedes Stück was
die Arbeitshallen verlässt einen Sticker kleben hat.
Dieser Sticker ist Wasserfest und wirklich schön
gedruckt. Wie es meine Natur als „gemeiner
Werbenasenkäfer" will, muss ich natürlich diese Sticker
anfassen und sage sofort das dass sehr schöne Sticker
sind. Wie es der Zufall will, wird die Servicewerkstatt
mein Kunde. Beim dritten Gespräch bemerke ich wieder
das diese Sticker sehr schön sind. Der Unternehmer
versichert mir das dass die besten Sticker sind die es für
Geld gibt. Es ist schwer zu nicken, wenn man weiß das es
nicht so ist und einem der Spruch auf den Lippen liegt
wie >> Welche Ostwährung meinen Sie? <<. Da meine
Überzeugung es mir verbietet den Kunden anzulügen
mache ich Ihn in gewohnt freundlicher Art darauf
aufmerksam das dass Rot der Sticker nicht das gleiche sei
wie auf seinen Firmschildern. In dem Moment kippt die
Stimmung und der Chef wird ernst. >> Das ist schon OK
so. Wir habe da noch genügend von und entscheidend ist
das die Information drauf steht. <<. In dem Moment
öffnet er den Schrank hinter sich und zeigt das Arsenal
seiner Sticker. Drei Worte später erfahr ich, dass er 1.000
Stück für 500,00 Euro ordern würde. Jeder
Unternehmensberater oder Finanzcoach würde Ihm die
Sticker um die Ohren werfen. Natürlich konnte ich den
Chef überzeugen diese Sticker in Zukunft für knapp
150,00 € zu bestellen und dann auch im richtigen Rot.

Es gibt Firmen die Angestellte haben, die sich um nichts
anderes kümmern als um die Farben und das Aussehen
der Logos und des CI´s. Was ein CI ist? CI steht für das
Corporate Identity eines Unternehmens. Diese

Unternehmensidentität bestimmt das Erscheinen nach Außen und Innen. Das ist der Grund warum Sie die großen Marken immer wieder erkennen. Warum Sie bei der Werbung von Mercedes nicht an Schuhe denken und warum Ihr Hund immer die richtige Nahrung erhält. Das Logo sowie die Grundfarben und Formen müssen immer wiederkehrend sein.

Zurück zu unserem Banner. Oft ist es das richtige Geld am falschen Ende. Der Banner hängt durch und kann nur zu 60% gelesen werden. Oft erscheint der Eindruck, dass einfach nur der Wille zählt.

Eines Tages meint ein Kunde zu mir, dass er Flyer braucht. Er bekommt einen Kampfpreis von mir. Dieser Preis ist inkl. der Gestaltung, dem Druck und der Anlieferung in den Laden. Am nächsten Tag bringe ich Ihm das Layout damit wir uns ein Bild machen können. Auf einmal fängt der Kunde an zu drucksen. Er meinte das sein Schwager eine super Onlinedruckerei gefunden hat wo die ganze Angelegenheit fünfzig Euro günstiger sein würde. Ich habe den Kunden zu seiner Entscheidung beglückwünscht und habe das Layout wieder mitgenommen. Der Kunde hat sein eigenes Layout am heimischen Computer erstellt.

7 Tage später stellt er mir seine gedruckten Flyer vor. Lange Rede kurzer Sinn: Mein Sohn hätte die Flyer mit ein bisschen mehr Stil hinbekommen. Textbearbeitung ist leider nicht immer ausreichend. Auf meine Kritik meinte der Kunde nur stolz >> Na ja das habe ich selber hinbekommen und das wichtigste ist die Information. <<. Was ich mich an solchen Stelle frage, warum diese

Personen nicht zum Copyshop gehen? Da wäre es noch
günstiger und die Informationen wären auch auf Papier
gebannt.

Wenn alles so einfach wäre, würden alle Unternehmen
einfachste Werbung erstellen die einfach nur die blanke
Information beinhalten würde. Natürlich muss der Kunde
das nur lesen. Besonders das hier leicht die
Verwechslung zwischen einem Biete/Suche Zettel und
der Werbung entstehen kann.
Wie viele haben die Werbung gelesen? Egal? Wollten
Sie nicht Werbung machen?

Denken Sie nicht, dass alle Unternehmer einsame
Kämpfer am Werbehimmel sind. Viele geben auch alles
in die Hand einer Werbeagentur. Das Marketing
bestimmt Ihre Werbung und Sie bestimmen das Ziel Ihrer
Werbung. Das Produkt bestimmt der Kunde.

Es bringt nichts wenn man Produkte hat die eh keiner
haben will.

Die Werbeagentur vom Dienst

Und nun kommen wir zum wichtigsten Mitspieler des
Meisterschaftsspiels: Die Werbeagentur. Diese Menschen
haben ein ungemeines Wissen über Design und
Gestaltung. Viele wissen sogar noch wie Ihre Ideen
werbetechnisch umgesetzt werden sollen. Leider gibt es
auch hier, wie in allen anderen Branchen auch, schwarze
Schafe.

Eines Tages erhalte ich eine E-Mail einer Werbeagentur
mit der Bitte, ein Angebot abzugeben. Dieses Angebot
sollte die Fertigung und Montage einer
Schaufensterbeschriftung beinhalten. Das Muster lag vor
und das Angebot wurde abgegeben. Das Angebot belief
sich auf sagen wir 500,00 €.

14 Tage später erhalte ich von der Agentur den Auftrag
zu Fertigung und zur Montage. Nach zwei Tagen waren
wir mir unserer Mannschaft beim Kunden und fingen mit
der Arbeit an. Als die ersten Grundierungen montiert
waren kam der Chef um die Ecke und stellt sich mit
prüfendem Blick hinter uns. Als einer der Schriftzüge auf
der Scheibe war, griff sich der Chef einen Zollstock und
fing an die Abstände zu messen. >> Sie haben das nicht
mittig gesetzt! << informierte mich der Chef überheblich.
Ich habe nachgemessen und Ihm gesagt, dass die
Beschriftung im Verhältnis der Vorlage, der Agentur sein
würde.

Nach genauer Überprüfung wurde die Arbeit fortgesetzt.
Als die Arbeit getan war habe ich mich dem Chef
zugewandt und habe Ihn gefragt
>> Gefällt es Ihnen so? << >> Ja es ist genau so wie ich
mir das vorgestellt habe. Sehr schön! << Ich habe ihn zu
seiner neuen Beschriftung beglückwünscht und habe
versucht in Erfahrung zu bringen warum er die ganze
Zeit prüfend über unsere Schulter geschaut hat. Seine
Antwort war kurz und knackig >> Bei dem Geld sollte
man sehen das, dass auch alles richtig gemacht wird. <<

In unsere Firma angekommen habe ich die Agentur
angerufen und angefragt was der zuständige

Außendienstler auf die Beschriftung in Rechnung gestellt hat. Diese Antwort war ebenso kurz und knackig >> 1.750,00 € Warum? <<

Mit der Zeit habe ich erfahren, dass der Kunde nicht bei der Agentur geblieben war. Selbstverständlich haben wir über diese Relation kein Sterbenswort verloren. Man muss in der Branche eine gewisse Disziplin bewahren. Seit dem Vorfall sprechen wir zusammen mit den Agenturen immer über den Endpreis des Kunden. Es geht mich nichts an was die Agenturen verdienen. Es sollte eben nur in einer gewissen Relation zur geleisteten Arbeit stehen. Die sollen ja schließlich auch was verdienen. Oft steht auch eine gewaltige Arbeitszeit hinter dem Layout.

Ich will an der Stelle nicht sagen, dass alle Agenturen so handeln. Es ist schon öfter vorgekommen, dass ich die Empfehlung zur Preisanhebung ausgesprochen habe. Es müssen eben gesunde Preise bleiben. Leben und Leben lassen. Nur ein wiederkehrender Kunde ist ein guter Kunde. Auch hier gilt die Regel: Der positive Gedanke bzw. das positive Gefühl lässt den Kunden an Sie denken.

Im Optimalfall werden Sie von Ihrem Kunden weiterempfohlen. Ruhen Sie sich auf diesem Gedanken nicht aus. Es ist töricht davon auszugehen, keine Werbung zu brauchen und sich auf die Mund zu Mund Werbung zu verlassen.

Es reicht nicht, einfach nur den Laden zu eröffnen. Die Maus muss auch wissen, dass es den Speck gibt. Man kann auch warten aber das kann auch in die Hose gehen. Leider haben das schon zu viele Beispiele gezeigt.

Wenn die Frauen wüssten

Ein guter Freund, ein Unternehmensberater, pflegt immer zu sagen: „ Wenn die Frauen wüssten, dass wir gut Kochen können, super Tänzer und leidenschaftliche Liebhaber sind, würden Sie Schlange stehen.". Und wo ist das einzige Problem? Sie wissen es nicht. Wenn Sie Schlange stehen würden, müssten wir keinen Abend alleine verbringen.

Versuchen Sie dieses Beispiel auf Ihr Unternehmen zu eichen und viele von Ihnen werden feststellen, dass die Kunden nicht Schlange stehen. Wenn sie das tun dann aber nicht kontinuierlich oder nur zu gewissen Aktionen. Ihr Auftrag lautet: Sorgen Sie für eine Schlange von unterschiedlichsten Kunden. Sie wollen schließlich Spaß an der Arbeit haben.

Lassen Sie uns einen Schlachtplan für Ihre Firma stricken. Verfolgen wir nur das eine Ziel und beschäftigen wir uns sekundär um unsere Produkte. Der Kunde wird die dann schon bestimmen.

Als erstes benötigen wir einen Stift und ein Blatt Papier. Lassen Sie uns aufschreiben was Ihr Unternehmen von Ihren Mitstreitern unterscheidet. Hier müssen alle positiven Dinge einfließen. Standort, Preise, Angestellte bzw. Sie selber, Leistungen, Öffnungszeiten,

Verfügbarkeit der Produkte, Service, Zusatzleistungen und das Aussehen Ihres CI´s.

Wenn wir das haben nehmen wir ein anderes Blatt und schreiben auf was Sie nicht unterscheidet. Das Ziel ist: Das dass erste Blatt mehr beinhalten sollte wie das zweite. Wenn nun das zweite Blatt voll sein sollte und das erste mit nur ein paar Stichpunkten versehen ist müssen wir was ändern. Sorgen Sie dafür das, dass erste Blatt mehr beinhaltet.

Überlegen wir genau was vom ersten Blatt wichtig ist. Denken Sie darüber nach auf was Sie Ihr Kunde schon angesprochen hat. Jetzt haben wir die erste Information für unserer Werbung. Es wird uns nichts bringen die Punkte vom zweiten Blatt auf ein Werbemedium zu packen. Warum sollen wir dem Kunden etwas sagen was er eh schon weiß? Leider Gottes vielleicht sogar durch einen Mitstreiter. Aber das muss ich Ihnen ja nicht sagen.

Nun kommt Ihre Zielgruppe. Machen Sie bitte nicht den Fehler und sagen Sie >> Alle! <<. Definieren Sie Ihre Zielgruppe so genau wie möglich. Trennen Sie privat von gewerblich und jung von alt. Welche Klasse sprechen Sie an? Männer oder Frauen? Wer kauft eher Ihr Produkt? Vergessen Sie die sozialen und wirtschaftlichen Aspekte Ihrer Zielgruppe nicht. Haben oder sollten Ihre künftigen Kunden einen Führerschein haben? Sollten sie gut betucht sein oder kann Ihre Zielgruppe auch Sozialhilfe beziehen? Sagen wir unsere Zielgruppe sind 18-25 jährige Männer und Frauen zugleich. Das ist eine Menge. Wir müssen nicht wissen wie viele es in Ihrem Einzugsgebiet gibt, wie viele verheiratet sind oder nicht.

Nun wenn Sie Brautmoden verkaufen sollten Sie das in Erfahrung bringen.

Zurück zu unserer Zielgruppe. Beobachten wir Carsten. Er ist 21 Jahre jung und wohnt am Rande der Stadt. Er macht eine Ausbildung zum Automechaniker und besucht eine Berufsschule. Er ist von Montag bis Mittwoch im Betrieb und am Donnerstag und Freitag in der Berufsschule. Versuchen Sie sich in Carsten hineinzudenken. Er ist ein Mitglied Ihrer Zielgruppe. Er verdient sein eigenes Geld und besitzt einen Führerschein.

Carsten verlässt seine Wohnung am Montag um 6:15 Uhr um zu seinem Betrieb zu fahren. Er fährt an seiner Berufsschule vorbei in Richtung seines Betriebes. Im Betrieb angekommen macht er sich sofort an die Arbeit. In seiner Mittagspause fährt er mit 2 Kollegen zum Bratwurststand und gönnt sich eine Currywurst. Nach der Arbeit fährt er zu seiner Freundin und geht mir Ihr in die Stadt. Sie kaufen Sich gemeinsam CD´s und gehen in ein Cafe um den Abend ausklingen zu lassen. Danach fahren Sie wieder nach Hause. An den Tagen wo Carsten zur Schule geht fällt der Betrieb weg und er biegt direkt auf den Parkplatz der Berufsschule ein.

Wo können Sie Carsten informieren? Wo könnte er Ihre Werbung sehen? Analysieren Sie genau welche Werbemedien Sie nehmen und wie Sie diese positionieren bzw. unters VolK bringen. Achten Sie auf die Stellen wo Carsten gezwungen ist zu warten bzw. wo er sich aufhält.

Nun müssen Sie nur noch die Information richtig
aussehen lassen. An der Stelle müssen Sie nur auf eins
achten: Bild schlägt Text, Großer Text schlägt kleinen
Text und große Fläche schlägt kleine Fläche. Das soll
nicht heißen, dass Sie ab morgen nur noch
Fassadenwerbung machen. Bedruckt mit einem XXL
Bild und bestückt mit 3 großen Worten und 5 kleinen.
Die gerade genannte Reihenfolge ist die, wie es der
Mensch wahrnimmt. Hier wird in einer Zeit von 1-2
Sekunden gerechnet.

Wenn Sie es schaffen, alle relevanten Informationen so
kurz wie möglich zu fassen, es mit einem guten Bild
verwenden und es an der Stelle positionieren wo unser
Proband Carsten einfach draufschauen MUSS, dann
haben Sie es geschafft. 100% erreichen Sie, wenn Sie der
ganzen Sache noch eine Reaktion hinzufügen. Lassen Sie
den Kunden nachdenken, lachen, schmunzeln oder
schockiert sein. Lassen Sie es den Kunden nicht
vergessen.

Vergessen Sie den Gedanken, dass der Kunde ein T-Shirt
mit Ihrer Werbung durch die Gegend trägt. Vielleicht
zum Schlafen, mehr auch nicht. Denken Sie nicht das er
sich einen Sticker auf sein Auto klebt wo „Ich liebe
Dieters Würstchen – Bude“ drauf steht.

Moderne Medien nutzen

Carsten kennt Sie. Er war vielleicht schon bei Ihnen. Es
reicht jetzt nicht darauf zu setzen, dass er immer wieder
kommt. Vergessen Sie nicht, dass große Konzerne

immer wieder Werbung machen damit die Kunden Sie
nicht vergessen. Natürlich gibt es auch den Grund der
Neukundengewinnung.

Wenn Carsten Ihre Werbung immer an der gleichen
Stelle sieht, dann wird es nach einigen Tagen nicht mehr
auffallen. Er wird Ihre Banner, Plakate oder Flyer nicht
mehr wahrnehmen. Suchen Sie einfach nach neuen
Wegen und anderen Werbemitteln um Carsten auf Sie
aufmerksam zu machen.

Viele Unternehmer machen einfach nur
Zeitungsanzeigen. Das ganze schon seit Jahren.
Schrecklich! Spätestens wenn Sie die Zeitungsanzeige
dreimal gesehen haben werden Sie beim viertem mal
diese Anzeige nicht mehr wahrnehmen. Achten Sie
immer auf alle Anzeigen? Versetzen Sie sich in den
Kunden. Sie sind doch auch Kunde von anderen
Anbietern und Dienstleistern. Sehen Sie immer die
Werbung. Reagieren Sie wenn Sie immer die gleiche
Werbung sehen?
Sie sind nicht die anderen. Fangen Sie an sich neuer
Medien zu bedienen. Immer mehr Firmen gehen von
Kugelschreibern und Bieröffnern zu Weihnachten weg.
Sie müssen dem Kunden Abwechslung bieten. Sehen Sie
der multimedialen Zukunft entgegen.

Ich habe eines Tages Video-Plattformen im Internet
gefunden. Witzig und einfach nur durchgedreht.
Menschen tauschen sich mit Bild und Sound aus.
Anderen Menschen bewegte Bilder zeigen? Das Ganze
gibt es sogar kostenlos! Es müssen nicht immer private
Clips sein. Diese Anbieter erlauben es auch gewerbliche

Werbung einzustellen. Vorhang auf! Sie werden
Regisseur. Sie haben keine Kamera? Besorgen Sie sich
eine und denken Sie sich einen lustigen Spot aus. Das
wichtigste ist, dass er witzig sein sollte. Wenn Sie auf
solchen Internetseiten mit Ihrem Filmchen, viele
Zuschauer haben wollen, muss das Ganze witzig sein. Es
sei dend, es ist etwas unheimlich interessantes was man
nicht alle Tage sieht. Wichtig ist, das Sie Ihre Firma
erwähnen und was Sie machen. Achten Sie auf ein gutes
Gleichgewicht. Es soll schließlich nicht als ein 0815 „ich
will was verkaufen" Spot rüberkommen. Diese Form der
Werbung kostet nur ein wenig Zeit. So erreichen Sie,
dass Ihr Logo und Ihre Leistung einfach nur Publik
gemacht wird. Wir haben das Ganze in einem
Pilotprojekt ausprobiert. Es funktioniert. Hierbei haben
wir festgestellt, dass es einfach nur cool sein kann damit
der Zuschauer den Spot bis zum Ende betrachtet. Sie
haben keine Ideen? Keine Vorstellung wie Sie es
einpacken sollen? Fragen Sie eine Werbefirma oder
jemanden der sich mit Werbung auskennt und spritzige
Ideen hat.

Genau so prickelnd ist es für den Kunden, etwas zu
erhalten was er immer wieder verwenden kann. Etwas
mit technischem Nutzen was über dem reputativem Wert
eines Kugelschreibers steht. Wenn Sie eine Briefaktion
für besondere Kunden vorhaben, dann fügen Sie einfach
einen USB-Stick/CD zu Ihrer Sendung hinzu. Solche
Speichermedien erhalten Sie in größeren Mengen
kostengünstig und können sie auch noch bedrucken
lassen. Schreiben Sie dem Kunden das er sich den Inhalt
auf dem USB-Stick/CD ansehen kann. Zeigen Sie dem
Kunden auf dem Bildschirm was er in keinem Brief lesen

oder sehen könnte. Bilder, Videos oder Produkte.
Natürlich müssen wir davon ausgehen das der Kunde den
Stick, nach dem Betrachten, löscht und für seine eigenen
Zwecke verwendet. Egal, Ihr Name ist auf dem Stick
gedruckt.

Nun werden Sie behaupten, dass Briefe zum alten
Medium gehören. Sehr gut, Sie haben Recht. Die Frage
ist nur wie Sie den Brief aussehen lassen. Wenn Ihr Brief
nach Massenabfertigung aussieht, dann haben Sie große
Chancen im Altpapier zu landen. Umgeben von
Glücksspielgratulationen, Möbelwerbungen und der
kostenlosen Wochenzeitung, wird Ihr Brief verschlossen
zum Altpapier gebracht. Packen Sie Ihren Brief in einen
brauen Briefumschlag und schreiben Sie die Adresse mit
der Hand drauf. Versetzen Sie sich in die Situation.
Würden Sie so einen Brief wegschmeißen? Wer schreibt
Ihnen so einen Brief? Vergessen Sie die Überzeugung,
dass Ihre Kunden sich um Ihre Angebote reißen. Es ist in
dem Moment ein Werbebrief wie jeder andere auch. Das
merkt der Kunde jedoch erst wenn er ihn geöffnet hat.

Sie sind der Kunde und der Kunde wird Ihr Verkäufer.
Super Vorstellung oder? Der Mensch selber ist das
Medium der Zukunft.
Das ganze scheint für Sie schwer und an manchen Stellen
übertrieben aufdringlich? Da könnten Sie durchaus Recht
haben. Leider ist es in der heutigen Wirtschaft so, dass
die werbenden Unternehmen sich um so etwas nicht
scheren. Der Stärkere überlebt.

Der dumme Kunde oder: Wer ist schuld?

Leider gibt es zunehmend Unternehmer und Geschäftsleute die auf die Leichtgläubigkeit der Kunden setzen. Oft ist es so, dass die Menschen in Ihrer Gutgläubigkeit überrascht werden oder ihnen einfach was Schönes vorgerechnet wird. Die Objektivität kann mit einer Überhäufung von positiven Gedanken getrübt werden. Oft kommt es einem sogar so vor, als wenn diese Objektivität einfach ausgeschaltet werden kann.

Es soll nicht heißen, dass irgendeiner dumm ist oder sich über den Tisch ziehen lässt. Es gibt Situationen wo wir selber denken >> Mein Gott, der hat mich über den Tisch gezogen. <<. Leider kommt diese Erkenntnis zu spät oder nach dem Abschluss eines Geschäfts. Jeder hat schon mal einen Kauf bereut.

Es gibt Menschen die andere Menschen ausbilden solche Ergebnisse zu erzielen. Firmen arbeiten Marketingstrategien aus die auf Kleingedrucktem oder Wortspielereien aufbauen. Das traurige ist, dass solche Wege im rechtlichen Rahmen gehalten werden.

Mein Handy hat eines Tages den Geist aufgegeben. Ich musste eine SMS verschicken um einen Termin zu bestätigen. Ich habe auf Anhieb eine Internetseite gefunden die mir einen kostenlosen SMS-Versand angeboten hat. Ich war im Stress, hatte keine Zeit und habe eine SMS verschickt. Alles ging schnell und unkompliziert. Am nächsten Tag ist mir das „Wunder der Wirtschaft" noch mal durch den Kopf gegangen. Ich habe die Internetseite erneut besucht und alles genau

durchgelesen. Im Kleingedruckten habe ich erfahren das
ich mit dem verschicken der SMS am vorherigem Tag
einen 2 Jahresvertrag eingegangen bin. Ich habe diesen
sofort schriftlich gekündigt. Nach einigen Wochen
regnete es Mahnungen ins Haus. Lange Rede kurzer
Sinn: Ein Haufen Stress und Ärger für eine SMS.

Kennen Sie den großen Klingeltonanbieter aus dem
Internet und dem Fernsehen? Wenn Sie nicht aufpassen
erhalten Sie ein Abo welches Ihnen von Ihrer
Handyrechnung eingezogen wird. Natürlich kommen Sie
aus diesem Vertragsverhältnis wieder raus. Aber leider
ist die Falle für Kinder bzw. Jugendliche so groß, dass
schon einige Eltern hohe Rechnungen ausgleichen
mussten. Hier wird mit der Reputation „dem Cool sein"
ein Geschäft betrieben. Also mir ist es egal wie mein
Handy klingelt. Hauptsache ist, dass ich aufmerksam
gemacht werde wenn ein Anruf reinkommt. Es ist zwar
witzig, aber es kostet ein Vermögen.

So wie es uns schon im Leben passiert ist. In einer
Beziehung, einer Freundschaft oder in einer anderen
Bindung zwischen Menschen. Man ist enttäuscht wenn
etwas nicht so ist wie man es sich vorstellt oder wie
etwas sein sollte. Oft muss man damit kämpfen und viele
Menschen kommen nicht darüber hinweg.

Wenn Sie ein Dienstleister mit seiner Arbeit oder ein
Produkt mit seiner Beschaffenheit enttäuscht, kommen
wir irgendwie darüber hinweg. Auf einmal kann man es
vergessen. Man ist zwar sauer bzw. verärgert aber wenn
es sonst keinen gibt oder es das Produkt in der Form

nirgends wo anders zu bekommen ist, dann ist das schon
OK.

Stellen Sie sich vor, dass Sie mit Ihrem Partner im Streit
liegen. Es ist etwas Schlimmes vorgefallen was Sie Geld,
Nerven und Herzensblut gekostet hat. Von Ihrer Seite ist
der Ofen aus. Nun passiert folgendes: Ihr Partner spricht
nicht von seinem Vergehen. Er arbeitet jeden Tag
verbissen daran Ihnen mit Angeboten und Offerten das
Leben schöner zu machen. Wenn es sein muss springt er,
verkleidet als Clown mit Schuhgröße 85, durch die
Wohnung bevor er aufs WC geht. Werden Sie weich?
Vielleicht nicht sofort, aber irgendein Angebot finden Sie
unglaublich super und Sie entschließen sich es noch mal
zu versuchen!

So agieren große Konzerne. Oft ist es sogar so, dass die
Fehler offen in Werbekampagnen geklärt werden. Sie
bekommen wöchentliche Angebote und vielleicht lässt
sich die Firma etwas wahnsinnig Spektakuläres einfallen
was Ihnen die letzte Reaktion aus dem kleinen Zeh zieht.
Wie schlimm muss das Vergehen des Unternehmens
sein?

Eine Filiale, einer großen Kaufhauskette, hatte vor
einigen Jahren ein super Angebot. Tiefgefrorene Hasen
zu Aktionspreisen. Die Tiere sind sogar aus der Region
gewesen. Die Einwohner der Stadt haben die eisigen
Tiere gekauft und zu Massen verspeist. Es hat nicht lange
gedauert. Die Filiale musste alle Hasen zurückrufen und
der Lieferant musste sich wegen Betruges verantworten.
Es waren keine Hasen, es waren Katzen! Erkennen
konnte man es nur an den Zähnen. Wer achtet schon auf

die Zähne? Normaler weise müssten jetzt alle Kunden dieses Lebensmittelgeschäft meiden. Wenn so etwas bei Aktionen gemacht wird, was muss dann erst im normalem Sortiment sein? Wollen Sie da noch einkaufen? Nun ja, dass Unternehmen hat einen kleinen Kratzer erlitten. Die Filiale hat Hasen komplett aus dem Sortiment genommen. Ein Wunder der Wirtschaft! Der Kunde geht weiterhin einkaufen!

Energieanbieter und Telekommunikationsanbieter versuchen es immer wieder. Egal ob Gas oder Strom. >>… sollen sich die Menschen den Strom selber Stricken? <<. Solche Aussagen bekommt man zu hören wenn man, in gelassener Runde, mit einem Mitarbeiter des Finanzwesens spricht. Bitter süß, die Vorstellung dass man jede Sekunde beschissen werden kann sobald man in seiner Wohnung oder dem Büro ist.

Nicht nur die großen Bosse der Wirtschaft, sondern auch Kleinunternehmer und mittelständische Firmen sind nicht aus dem Bett gefallen. Leider werden ehrliche Unternehmen ausgenutzt und deren Werbung wird missbraucht. Das hat immer einen kriminellen Hintergrund. Die Ausnahme ist das so genannte Moskito-Marketing. Wenn nicht mit einer guten Absicht geworben wird und wenn Betrug der Hintergrund ist, muss der Kunde es immer ausbaden. Kennen Sie schon die Geschichte von den Eiern? Ein Fall der nahezu ein Muss ist für so ein Buch.

Seit Jahren kennen wir den Begriff BIO. Ich bin selber ein Verfechter der besseren Lebensmittel. Es ist gut, wenn Institute die Kontrolle übernehmen und

Lebensmittelkontrollen den Mitmenschen eine Sicherheit vermitteln. Jetzt kommt unsere Unternehmerin Gabi ins Spiel. Wir nennen Sie einfach mal Gabi, weil wir hier ja sportlich bleiben wollen.

Gabi verkauft seit einiger Zeit BIO-Eier. Sie wurde geprüft und ist berechtigt diese Eier zu verkaufen. Nun stellt Gabi mit der Zeit fest, das Sie nicht unbedingt viel verdient an den Eiern und das es sehr aufwendig ist die Richtlinien für das Wort BIO zu erfüllen. Eines Tages kommt Ihr eine super Idee. Sie kauft einfach eine Menge an normalen Eiern ein. Diese Eier sind von Hühnern aus Käfighaltung. Diese Eier sind zusätzlich noch von einem Bauern der eh schon einen schlechten Ruf hat. Sie baut sich eine Maschine zur Entfernung der Stempel. Da sie Farbe noch vom Vorgänger frisch ist bekommt das ganze Spiel eine äußerste Einfachheit. Gabi bedruckt die Eier mit Ihrem BIO Zeichen und verkauft diese als BIO-Eier. Trotz des Aufwands hat Gabi viel Geld mit der Sache verdient.

Natürlich ist die Nummer aufgeflogen. Der Strafe war nicht unbedingt klein und der Betrieb wurde vom Staat geschlossen. Auch wenn Sie jetzt mit dem Kopf nicken und sich selber sagen das, dass Richtig war und das es gut ist, dass solche Betrüger auffliegen,

denken Sie mal an die Kunden die, diese Eier gekauft haben! Die haben extra mehr Geld ausgegeben und wollten ein BIO-Ei genießen. Was ist hier passiert? Eine Unternehmerin hat sich eines mächtigen Werbeinstruments bedient und hat es missbraucht. Das bedauerliche ist, dass andere Unternehmen die ebenfalls

BIO Produkte verkaufen, durch solche Aktion immer
kritisch beäugt werden. Gabi kann das egal sein.

Werbung mit Plan

Ihr Marketing ist wichtig. Wenn Sie einen soliden
Meilenstein setzen wollen, dann müssen Sie Ihre Schritte
planen. Es geht nicht nur um den Verkauf. Sie müssen
Ihr Marketing ausarbeiten, die Werbemedien bestimmen
und diese in Aktion bringen. Und vergessen Sie nie: Du
bist Werbung!

Die größte Firma der Welt wurde schon vor über 2000
Jahren gegründet. Das Marketing wurde vom
Firmengründer ins kleinste Detail geplant. Er war die
Quelle. Er war ein guter Mensch und hat angefangen sein
Produkt von Haustür zu Haustür zu bringen. Das Produkt
hat eingeschlagen wie eine Bombe. Es wurde nicht nur
was versprochen! Es wurden kostenlose Beispiele
gegeben und die Anzahl der Kunden wuchs drastisch an.
Nach kurzer Zeit hatte er schon 12 Mitarbeiter die im
Außendienst tätig waren. Da er nicht alles alleine
bewältigen konnte wurden den Mitarbeitern feste
Aufgaben vergeben. Leider wurde der Firmengründer
ermordet. Mit den damaligen Mitteln etwas brutal aber er
wurde von seinem Konkurrenten effizient beseitigt. Das
Geschäftsleben ist nun mal hart. Das war auch schon vor
2000 Jahren so.
Trotz des Versterbens des Chefs, haben die 12
Mitarbeiter die Firma weiter angetrieben. Das Produkt
wurde modifiziert, verfeinert und im laufe der Zeit immer
moderner. Mit der Zeit wurden Filialen über den ganzen

Erdball erbaut. Die Hauptverwaltung wurde in Rom positioniert. Das Unternehmen hat einen Stellvertreter ins Leben gerufen und viele Berater beschäftigen sich Tag für Tag um das Wohlergehen der Firma. Das Bild des Firmengründers hängt in jeder Filiale. Man kann sogar sagen, dass ihn seine Angestellten und Kunden förmlich anbeten.

Alles wurde geplant. Der Firmengründer hat mit einem Ziel angefangen. Er hatte nicht die Einstellung, dass er sich eben mal vom Resultat überraschen lässt. Er wusste was er tut und warum. Er wusste das sein Produkt super ist und das die künftigen Kunden bereit sind für das Produkt.

In der heutigen Zeit finden wir auf der ganzen Welt Vertreter. Die Kunden begeistern sich für die Firma und zahlen Geld aus freien Stücken. Kinder werden von Ihrer Geburt an mit dem Produkt groß. Menschen leisten Übermenschliches, nehmen Strapazen auf sich und beginnen an Ihre Mitmenschen zu denken. Eine große Familie, wo alle Mitglieder das gleiche Ziel verfolgen.

Wollen Sie sich selbstständig machen? Haben Sie eine Idee? Fangen Sie nicht so an wie es manch andere tun. Aus der Not heraus oder einfach weil man Lust hat oder aus irgendeinem anderem Grund?

Egal aus was für einen Grund Sie es angehen wollen, machen Sie es überlegt.

Das Waschlappenwunder

Sie transportieren die Werbung doch selber. Was kaufen
Ihnen die Menschen den ab? Müssen Sie was
demonstrieren? Wenn Sie nichts zum demonstrieren
haben dann sollten Sie auf jeden Fall nicht in einem
Vorhang und mit Sandalen beschuht durch die Gegend
laufen. Anzug? Vielleicht ein wenig besser rasieren?
Egal lassen wir das.

Der Unternehmer gibt in der Modernen Zeit seine
Position der Werbung. Egal wie er aussieht oder was er
noch zwischen den Zähnen hat! Die Pylone am Eingang
ist der Kracher, die Empfangsdame ist ein Model und
sein Kaffee ist der Hammer. So werden Sie doch gerne
auf ein Produkt aufmerksam oder kaufen gleich Eins.

Wenn Sie einen Vorhang haben und die Sandalen vom
Sommer noch passen dann auf! Es ist egal wie Sie rum
rennen. Ihre Werbung zeigt ein super korrektes
Unternehmen dessen Chef ein Schlips tragender
Geschäftsmann ist.

Als ich von einem guten Freund eines Tages angerufen
wurde schilderte er mir folgenden Fall. Ein Unternehmen
wolle neue Werbung haben die möglichst wenig kostet
wegen der finanziellen Situation. In diesen Momenten
bekommt jeder Marketingmensch den kalten Schweiß auf
die Stirn. Als ich auf der Fahrt zu dem Kunden war,
gingen mir diverse Variationen von Großwerbung durch
den Kopf. Beim Kunden angekommen gab sich ein
schreckliches Bild. Die Werbetafeln waren schmutzig,
verdreckt und nicht unbedingt im besten Zustand. Der

Besitzer war ein netter, eleganter Herr der sich sichtlich
sorgen um seine Werbung machte. Nach dem Betrachten
der ersten Fotos wurde mir etwas klar. Sofort sprang ich
zum Telefon und rief den Firmenbesitzer an.
>> … nehmen Sie sich so viele Leute die Sie kriegen
können. Organisieren Sie Leitern, Eimer, Spülmittel,
Bürsten und Lappen. Ihr Ziel werden die Werbeflächen
und Schilder sein. << . Einige Wochen Später wurde mir
berichtet, dass sich viele neue Gesichter blicken ließen
und das ein kleines Plus zu verzeichnen war.

Hier wurde nur eine kleine Sache gemacht. Dieses
Wunder oder, wie ich er zu sagen pflege,
>> Waschlappenwunder << kann so einiges bewirken.

Schauen Sie sich doch einfach mal an was Sie alles an
Werbemitteln rumstehen haben und wo mal wieder eine
Reinigung fällig wäre. Das soll nicht heißen, dass Sie
viele Werbeflächen habe müssen! Auch die kleinen
Werbeflächen müssen gepflegt werden. Sie werden
merken, dass Sie als Chef ein besseres Gefühl bekommen
und dass Ihre Kunden es mit Sicherheit auch merken
werden. Wobei hier nicht der Waschzwang gefördert
werden soll oder so etwas in der Richtung. Es soll Ihnen
einfach ein besseres Gefühl geben. Das Gefühl im
Geschäft sollten Sie pflegen und hüten. So manch gutes
Geschäft wurde nach einem Gefühl entschieden. Das
Aussehen einer Werbung löst etwas ungewohnt,
komisches bei den Betrachtern aus.

Wir als Kunden wollen es auch schön haben. Wer will
schon in einer dreckigen Bude sein Geld lassen?

Werbung ist eine Lüge die, die Wahrheit zeigt

Beim täglichen Geschäft auf dem Lokus, ließ ich meinen Blick über die Pflegeprodukte des Badezimmers schweifen. Folgender Satz kam zum Vorschein: >> Das milde Gesichtwasser und die sanfte Reinigungsmilch, unterstützen mit Meeresmineralien und Vitamin F, reichhaltigem Aloeextrakt und aufbauenden Seideanteilen, dass erfrischend und belebende Gefühl der modernen Entspannung. <<   Also wenn man ein Wortfetischist ist dann war es das gewesen.

Es kann doch nicht sein, dass einem Menschen der auf dem Klo sitzt, so ein wunderschönes Gefühl der Reinlichkeit, Entspannung und geistigen Ungezwungenheit vermittelt werden kann. Kaufen wir das Produkt oder diese unbeschreiblichen Fähigkeiten die dieses Produkt leistet. Die erste Antwort die kommt: Natürlich wegen der Leistung.

In Ordnung! Schreiben wir den Satz doch mal ganz neutral um:
>> Das hautfreundliche Gesichtswasser/milch beinhaltet Mineralstoffe, Vitamin F, hoch dosiertes Aloe, Seide und erfrischt das Gesicht. <<
Sachlich, passend und aufklärend!

Jede virale Marketingidee wäre mit „dem Satz" im Schredder der Unternehmenssanierung gelandet. Die Endsorgung würde dann gesondert vorgenommen werden.

Stellen Sie sich vor, die Werbebranche und die Unternehmen würden auf Ihre Slogans verzichten. Keine wohltuenden Worte auf den Verpackungen. Keine Worte, die Ihre Erwartungen explodieren lassen. Kein Wort der Zustimmung ihrer seelischen Kaufverpflichtung.

Wie kann man seine Objektivität behalten, wenn man mit solchen zauberhaften Worten in die Traumwelt seiner Reinigungsrituale gebracht wird.

Versuchen Sie bei Ihrem nächsten Einkauf einfach mal auf die Produkte zu sehen und die Slogans nicht zu beachten. Das kann auch unwollend passieren und die Unternehmen haben mit dem Produkt Umsatzschwierigkeiten. Gelöst wird das Problem mit Tagelöhnern die sich zwischen den Gefriertruhen der Geflügelabteilung die Knochen blau frieren und Ihnen einen Klecks Soße anbieten. Was soll's, Sie lassen sich anquatschen. Besser als das winseln der anderen Kunden über die Preiserhöhungen zu hören. Sofort sagen Sie, das Sie, dass Produkt kennen würden und probieren die Soße mit einem nickenden Kopf. In der Zeit, hat unser kleiner Koch sein Feldküchentöpfchen wieder zu gemacht und zeigt Ihnen die anderen Verpackungen der Soßenreihe. Obwohl es Ihnen doch ein stückweit peinlich ist, wie wildfremde Menschen beim Einkaufen Ihnen beim Essen zuzusehen, schmeißen Sie lieb und artig das in Thailand gefertigte Plastikbesteck in der Müllsack und bedanken sich. Natürlich nehmen wir noch mal das Produkt in die Hand, drehen es mehrmals rum und stellen es zurück.

Verständlich, dass nicht alle Produkte so angepriesen werden können. Wenn Ihnen die Soße geschmeckt hat, dann werden Sie beim nächsten Soßenmangel an genau diese Soße, von dem damaligen Soßenerlebnis zwischen dem ganzen Geflügel, denken.

Der beste Verkauf erfolgt über den Reiz der Sinne und dem selber erleben. Seien Sie dankbar, dass man Probefahrten machen kann bevor man ein Auto kauft. Wenn nun solche Reitzeinflüsse nicht gegeben werden können, muss man anders an die Sache dran gehen.

Weil sich keine Frau beim Einkaufen abschminken und mit Gurken im Gesicht zwischen Badeartikeln und Rasierer die Pickel ausdrücken würde, kommen unsere Zauberwörter genau richtig. Wenn die wohlklingenden Worte gut gewählt sind, kann die Frau von heute nahezu zielgenau Ihre Auswahl treffen. Na gut, das wir Werbung haben.

Aber nicht nur bei Drogerieartikeln oder Soßen wird Marketing und Werbung gemacht. Auch Konzerne die nicht gerade etwas mit dem Saubermachen oder mit kulinarischem Essen zu tun haben greifen auf penibel ausgeklügelte Werbebotschaften zurück. Nehmen wir als Beispiel die Tabakindustrie. An der Bushaltestelle sehen wir eine schöne Frau die zufrieden und glücklich zu einem herschaut und genüsslich eine Zigarette hält. Drunter steht der einfache Satz >> Ich rauche gerne! <<. Ist das nicht sensationell wie aufdringlich ein Gesundheitsgefährdendes Produkt schmackhaft gemacht werden kann? Wenn Sie Raucher sind dann haben Sie sicher mal in der Zeit wo Sie rauchen so einen saloppen Spruch wie >> Ich rauche gerne! << abgelassen. Wenn Sie so gerne rauchen, warum wollen Sie dann aufhören?

Warum zeigt man nicht eine ältere Dame die 2/3 Ihres
Lebens durchgeraucht hat? Ganz einfach: Das wollen Sie
nicht sehen!

Wir liefern Werbung „on demand…"! Achten Sie auf die
Produkte und deren Verpackungen. Erinnern Sie sich an
die Produkte vor 10-20 Jahren! Dort stand nicht das drauf
was heute auf den Produkten steht. Die Werbung geht
mit der Zeit. Die Werbung geht mit Ihnen. Sie bestimmen
die Werbung mehr als Sie glauben. Vom Farbverhalten
bis hin zum Inhalt.

Auch wenn Sie nicht wollen und sich total dagegen
sträuben. Sie kommen nicht drum herum etwas zur
Werbeentwicklung beizutragen. Es reicht schon wenn Sie
einfach einkaufen gehen oder ein Angebot haben wollen.
Ihr erster Schachzug bestimmt in dem Fall das ganze
Spiel.

Selbstverständlich verkaufe ich so was an meine Kunden,
die dadurch mehr Kunden bekommen. Am liebsten ist
mir das simple Beschriften oder das Drucken. Warum?
Es ist einfacher und beinhaltet nicht hunderte von
Aspekten wie das ausarbeiten von Marketingstrategien.
Am besten kann ich nur einen Plan erstellen wenn ich
genau den Kunden des Kunden, kenne. Auch ich muss
meine Kunden erkennen.

In der modernen Marketingwelt bestimmt der Kunde
mehr als Ihm recht ist. Egal ob Sie nun der Macher einer
solchen Werbung oder nur Kunde sind. Vergessen Sie
nie, dass so etwas sehr wichtig ist. Wichtiger als das

Aussehen Ihres Schaufensters oder der Farbe Ihrer
Visitenkarte.

So lange der Kunde bestimmt, bekommt er genau was er
will. Solange er genau das bekommt, bezahlt er und
kommt wieder. Wenn der Rubel rollt dann kann es mit
der Werbung weitergehen.

Wenn der optimale Kreislauf nicht beachtet wird, muss
um die Kunden gekämpft werden. Natürlich wird jetzt
jeder Unternehmer sagen >> Jeder kämpft um seine
Kunden. Ich werde doch nicht aufhören meine Kunden
zu bewerben! << Keiner hat gesagt das man sich jetzt nur
noch zurücklehnen soll, auf die Anweisungen der
Kunden wartet und das Geschäft von alleine läuft.
Bleiben Sie sitzen und Sie werden sitzen gelassen.

Das Tresenmariechen

Natürlich werden Sie jetzt loslaufen und jeden
anquatschen. Das machen Sie so lange bis Sie auf einer
Station des Landeskrankenhauses landen wo Ihre
Verhaltensauffälligkeit behandelt wird. Mit Sicherheit
kein richtiger Zeitpunkt für Erholung, nachdem Sie
wissen was Ihre Kunden wollen.
Egal wie selbstverständlich es Ihnen jetzt erscheinen
mag, sich um die Interessen der Kunden zu kümmern
beziehungsweise Ihre Kunden jetzt einzubinden. Es gibt
Unternehmer die mit der Zeit eine so genannte
Betriebsblindheit entwickeln. Erinnern Sie sich noch an
unsere Mundpropaganda oder unsere Zeitungswerbung?
Dieses einfältige Denken das Ihr Produkt schon durch die

Kunden bekannt gemacht werden wird?
Selbstverständlich haben wir schon Bereiche betrachtet
wo so etwas geht. Denken Sie nicht das Unternehmen die
in aller Munde sind, anfangen Ihre Werbung einzustellen.
Obwohl Sie feste Namen im Kopf eingebrannt
bekommen haben werden Sie weiter mit Informationen
und Angeboten überhäuft.

Hier ein Beispiel für eine vorgeschrittene
Betriebsblindheit die leider nicht rechtzeitig behandelt
wurde.

In der Hauptrolle – unser Tresenmariechen Ingo!
Ingo hat eines Tages eine unbestimmte, starke Kraft in
besitzt genommen und ihn auf den Trichter der
Selbstständigkeit gebracht hat. Gott weiß wie, aber er
wollte auf einmal Wandfarben verkaufen die mit speziell
andersfarbigen Granulaten angemischt sein sollte. Die
Farben waren der absolute Hammer. Als Kunde würde
man jede kleinste Abnahmemenge haben können. Für
jung und alt ein Geschäft mit Produkten die das Leben
verschönern würden. Er hat gleich nach der Ausarbeitung
der Idee einen festen Abnahmevertrag über Grundfarben,
mit dem größten Zulieferer für Farben, in seinem
Bundesland abgeschlossen. Um nicht ganz wie ein
Anfänger auszusehen, beschloss es sein Geschäft in der
Innenstadt zu eröffnen.

Um seine Ladeneinrichtung und die vom Zulieferer
vorgeschriebenen Ladenausstattungen anzuschaffen,
beschloss es sich bei der Bank seines Vertrauens einen
Kredit zu holen. Um die ersten Monate zu überbrücken
hat er seinen Kredit auf 25.000,00 € angesetzt. Alles kein

Problem, die Bank legte noch ein paar Schellen an und knebelte ihn leicht, aber es war auszuhalten. Mit seinen Hochrechnungen die er sich ausgearbeitet hat, würde das schon funktionieren. Durch seine eigene Arbeit und der Hilfe seiner Frau würde das schon alles passen.

Er hat seinen Laden zu einem absoluten Hingucker gemacht und hat auch nicht unbedingt mit Leihen gearbeitet was sein CI und seine Außenwerbung anging. Alles war ein nahezu perfekter Start in die Selbstständigkeit. Der fade Nachgeschmack des Kredits und der Schulden wurde schnell vergessen, nachdem die ganze Stadt von der überwältigen Neueröffnung gesprochen hat.

Zu den kälteren Monaten im Jahr boomte sein Geschäft. Die Leute waren froh über ihn, seine Idee, seinen Laden und dem Service. Durch eigene Werbemaßnahmen in Zeitungen und Aktionen in seinem Geschäft wuchs der Umsatz von Monat zu Monat.

Als nun die ganze Stadt wusste das es den Laden gibt und schon fast jeder in dem Laden war, pendelte sich das Kaufverhalten der Kunden in einer guten Mitte ein. Die Sommermonate wurden zu harten Monaten. Die Leute haben eben weniger Lust und Verwendung im Sommer. Seine Produkte waren aber dennoch stets einwandfrei. Im Winter gingen die Umsätze auf ein Maximum in die Höhe. Diese Monate haben mit der Zeit die schlechten abfangen können. Alles in allem eine gute Geschäftsidee.

Wenn da nicht der Kredit und die horrende Miete wären. Der Kredit musste zurückgezahlt werden und die Miete musste relativ pünktlich beim Vermieter sein. Zum Glück hat sich die Bank auf das Spiel eingelassen das man den Kredit immer wieder anknabbern konnte in den schlechten Monaten.

Nun werden Sie sich denken das, dass eine normale Geschichte über einen Unternehmer sein, der sich für die Selbstständigkeit entschlossen hat. Stimmt! Das Problem kam auch erst etwas später zum Vorschein. Das Problem wurde die immer stärker werde Betriebsblindheit. Er hat doch nichts großartig verändert? Es ist alles so geblieben wie beim Anfang? Die Zeitung wurde von Ihm doch immer noch zu genüge gefüllt, solange seine Finanzen es zugelassen haben. Warum sind die Kunden nach und nach ausgeblieben? Er musste seine Kunden nicht fragen. Jeder Kunde hat immer etwas Spezielles anfertigen lassen oder äußerte seine Wünsche über das Produkt.

Er öffnete früh sein Geschäft und hatte bis spät in den Abend geöffnet. Es schloss sein Geschäft auf, stellte seine Außenwerbung auf, aktivierte die Werbemedien in seinem Geschäft und stellt sich hinter seinen Tresen. Sein Hauptgeschäft entwickelte sich zum Warten am Tresen. Immer wenn ein Kunde hinein kam war er stets offen, höflich, hilfsbereit und konnte dem Kunden immer helfen.

Oft kamen Kunden in sein Geschäft und wollten ausgefallene Sachen oder Kombinationen haben. >> Tut mir leid das haben wir nicht im Sortiment! << war seine Antwort. Das ganze zog sich durch Monate hin, ohne einen deutlich steigenden Anstieg seines Gewinns.

Natürlich hatte es immer aktuelle Maschinen oder Farben der Session im Haus. Er hat auch mit wachsender Begeisterung immer neue Werbemittel von seinen Lieferanten in seinem Laden zum Einsatz gebracht. Für eigene Erneuerungen der optischen Reize hat es leider gefehlt. Was nicht heißen soll das sein Laden in irgendeiner Art und Weise veraltet war oder nicht auf dem aktuellsten Stand der Produkte war. Dennoch blieben die Kunden aus.

Nach einiger Zeit war kein Geld mehr für Eigenwerbung da. Also wurden nun die Preise angepasst. Es gab Rabatte, Aktionen >> Kauf 3 – Zahl 2 <<, unzählig, selbstgeschriebene Rabattzettel im Schaufenster. Nun musste doch das Prinzip >> Masse ist Klasse << zählen. Es ist mit Sicherheit besser wenn sich ein Unternehmer entschließt einen guten Preis zu machen und den Ertrag durch die Stückzahlen hoch zu treiben, aber was bringen Aktionen oder Rabatte wenn die Kunden ausbleiben.

Als das nicht den gewünschten Effekt mit sich gebracht hat wurden ganz andere Seiten aufgezogen. Er beschloss sich speziell auf seine Kunden zu konzentrieren die selber Unternehmen hatten. Unternehmen, wo die Chefs für Ihre Oma mal Farbe gekauft haben. Egal – es wurden Einladungen gedruckt und geschrieben. Von der Post wurde ein Stempel ausgeliehen und auf seinem Tresen kräftig zum Einsatz gebracht. Als alle Einladung eingetütet waren, und mit einem gültigen Stempel der Post versehen waren, konnte ja nichts mehr schief gehen.

Und siehe da! Es kamen wieder Kunden in den Laden.

Erstmal nur zu dem versprochen Sekt und den Häppchen und nur mal unverbindlich aber dennoch haben einige Gekauft.

Zu der großen Endtäuschung von Ingo, hat die Aktion mit den Einladungen und dem Sektempfang nur so viel eingespielt das, dass Porto gezahlt war und die Kosten für die Veranstaltung. Na ja der Druck lief ja zum Glück über seinen eigenen Drucker. Papier und Druckerpatronen wollte er jetzt einfach mal nicht mit in seine Kalkulation nehmen.

Nach der Aktion und dem kleinen Aufschwung hat er beschlossen, noch penibler die Öffnungszeiten einzuhalten und den Service am Telefon auszuweiten. Das ging aber nur so lange gut bis er die ersten Schwierigkeiten mit der Telefonrechnung bekommen hat. Zum Glück gab es zu dem Zeitpunkt noch günstigere Anbieter die einen schnellen Wechsel versprachen. Leider hat seine Erreichbarkeit unter der Umstellung gelitten aber der Wille stirbt ja bekanntlich zu letzt.

An der Stelle begann er Kosten zu sparen. Kosten, auf die er anfangs nicht sehr geachtet hat, weil jene welche einfach zu dem Geschäft dazu gehörten. Kosten, mit denen er nicht klar gekommen ist und diese ihn immer weiter runter gezogen haben.

Nachdem alle privaten Finanzquellen ausgeschöpft waren, wurde der Laden geschlossen und Ingo ging verschuldet in die Insolvenz.

Natürlich würden Sie so etwas nie machen. Das Risiko
ist zu groß, die Einkünfte wären nicht sicher und wer
weiß, was der Staat da noch von mir will. Wenn Sie es
bereits gemacht haben, selbstständig sind oder waren,
dann werden Sie den Kopf schütteln und sagen >> Das
würde bei mir nicht so laufen! << . Wenn Sie einfach nur
ein Ottonormalverbraucher sind dann werden Sie die
Schultern zucken und denken >> Arme Sau! Ist ja nicht
mein Problem. <<. Richtig, ist es auch nicht. Leider
zeigen solche Fälle wie schwerwiegend die Infektion der
Betriebsblindheit sein kann. Es ist aber kein AIDS und
kann behandelt werden.

Sie sind Ihr Arzt

Egal ob Sie der infizierte Unternehmer oder nur der liebe
Kunde sind. Beide Seiten können der Krankheit den
Garaus machen. Ergreifen Sie die Initiative und kämpfen
Sie gemeinsam mit anderen gegen die Betriebsblindheit
in Ihrem Land.

Als Unternehmer der selbst seinen Lebensunterhalt
bestreitet, sollten Sie erstmal aus Ihrem Geschäft gehen.
Schließen Sie ab oder sorgen Sie für eine Vertretung.
Stellen Sie sich auf die andere Straßenseite. Sie haben
keine? Dann stellen Sie sich da hin wo Sie Ihren Laden
komplett im Blick haben. Betrachten Sie Ihren Laden
oder das Gebäude in dem Ihr Laden ist genau . Laufen
Sie die Strasse auf uns ab und betrachten Sie die ganze
Zeit Ihr Geschäft. Wenn es sein muss dann schnappen
Sie sich den Autoschlüssel und fahren Sie die Straße auf
und ab. Betrachten Sie Ihren Laden genau!

Versetzen Sie sich in die Lage des Kunden. Versuchen Sie zu vergessen, dass Ihnen der Laden gehört. Betrachten Sie Ihre Betriebsstätte mal ganz neutral.

Schreiben Sie sofort alle Eindrücke, Empfinden und Anregungen auf. Behalten Sie den Zettel am Mann, es geht gleich weiter.

Nun gehen Sie in Ihren Laden rein! Schauen sich um und versuchen sich als Kunden zu sehen. Wenn Sie Angestellte haben dann lassen Sie einfach mal alle mitspielen. Es geht hier nicht darum seine Mitarbeiter zu schocken oder zu überprüfen. Kommunizieren Sie das Problem mit Ihren Mitarbeitern.
Egal was Ihnen in den Kopf kommt! Schreiben Sie es auf! Testen Sie alles und schreiben Sie es auf.

Und jetzt nehmen Sie den Zettel und arbeiten in aus. Formulieren Sie mindestens 3 klare Fragen. Legen Sie diesen Zettel an eine Stelle wo Sie Ihn nicht übersehen können.

Bevor Sie jetzt die Gehaltslisten in die Hand nehmen oder Ihren Firmennamen ändern wollen, fragen Sie Personen die Sie gut kennen. Stellen Sie exakt diese 3 Fragen und notieren Sie sich die Meinungen. Wenn Sie den Personen sagen warum Sie auf einmal zu einem Unternehmensberater mutiert sind, können Sie Ihrem Gegenüber klar erklären warum Sie das machen. Sie werden auf ungewohnt viel Hilfsbereitschaft treffen. Erfahren Sie was die Personen von diesen 3 Problemen oder Änderungen meinen. Reduzieren Sie die 3 Fragen

nach Abarbeitung der 2er kleineren auf eine einzige
Frage! Und nun gehen Sie auf Ihren Kunden zu. Holen
Sie sich die Meinung der Personen die bei Ihnen
einkaufen. Es sind schließlich Ihre Kunden.

Und ich als Kunde? Nun ich spreche den Unternehmer
oder mit Mitarbeiter klar auf die Dinge an die mir
aufgefallen sind. Ob es nun die Anfahrt, das schiefe
Schild oder die Menükarte ist, ist völlig egal. Ich bin
ehrlich und sage was ich darüber denke. Nur so kann das
Unternehmen, bei pfiffiger Geschäftsleitung, weiter an
sich arbeiten und sich verbessern. Natürlich mache ich so
was nicht permanent und bei jedem Geschäft was ich
schon von weiten sehe. Ich persönlich muss schon ein
paar Mal in dem Laden eingekauft haben. Hier ist es auch
egal was für ein Geschäft das ist. Egal welche Branche
oder welches Produkt. Sie sind schließlich der Kunde der
dort was kaufen will.

Besonders engagiert bin ich bei Firmen wo ich den Chef
kenne oder wo es mir sehr gut gefällt. Ich bin kein böser
Mensch und würde mich freuen wenn es den Laden
weiter geben würde. Also bin ich gerne bereit dem Chef
zu helfen.

Ich will nicht sagen, dass Sie anfangen sollen wie
Ordnungshüter durch Ihre Stadt zu laufen und Ihre
Lieblingsgeschäfte zu terrorisieren. Ebenso möchte ich
nicht, dass irgendein Unternehmer anfängt wie wild
hinter Kunden her zu laufen und diese zu einer Antwort
zu zwingen. Lassen Sie sich einfach auf das Spiel ein!
Betrachten Sie Werbung als unverzichtbar in der
Geschäftswelt.

Hätte sich Ingo mehr auf seine Kunden verlassen, wäre er wahrscheinlich heute der Pinselpatriot seiner Stadt. Warum hat Ingo seine Kunden nicht gefragt warum er die Kunden in den Sommermonaten seltener sieht? Weil er sich die Antwort schon selber ausgedacht hat?

Informationsalkoholiker

Wie bei allem auf der Welt, kann man es mit den kleinsten Kleinigkeiten übertreiben. Wenn man es dann übertrieben hat, ist es in der Regel schon ein großes Problem. Man wird ja schließlich nicht als Alkoholiker geboren. Dennoch ist es bei einem Alkoholiker so, dass er ohne seinen Alkohol nicht mehr leben kann. Er muss sich immer zu dem gewohnten Wohlempfinden trinken um sein Dasein auszuhalten.

Kennen Sie dieses Warten in der Servicehotline? Diese nette Information über das mögliche Aufzeichnen des Telefonats zu Schulungszwecken? Egal wie Sie entscheiden, ob Sie nun Ihre Stimme in digitaler Form verewigen wollen oder nicht, nach dem Telefonat kommt der Hammer. >> Danke! Das Sie bei unsere Servicehotline angerufen haben. Bitte bewerten Sie das Gespräch mit der Schulnote 1-6 durch drücken Ihrer Telefontasten. <<. Wenn Sie gerade Ihre Telefonanlage installieren und Sie mindestens sechsmal anrufen müssen weil das Ding nicht laufen will, dann ist das einfach nur nervig. Beim vierten Anruf kommt als erstes
>> Nahhheiiinnn! << von Ihnen um den Sprachcomputer so schnell wie möglich zu überspringen.

Informationsabruf kann auf Dauer nervig sein. Der
Kunde ist ein Rudeltier und will in seinem Beutezug
nicht gestört werden. Egal ob es um Informationen oder
Waren geht, der Kunde will nur sein Ding.

Besonders Interessant sind Umfragen in der Stadt auf der
Fußgängerzone. Irgendwie habe ich das Empfinden das
nur besonders angespannte und dem Stress verfallende
Menschen gefragt werden.

Ich bin eh schon zehn Minuten zu spät und gehe zügiger
den je. Schon von weiten sehe ich, dass da kleine
Fragehobbits mit roten Westen stehen. In Gedanken
vertieft versuche ich den Bogen möglichst weit
auszufahren. Dennoch kommt es zum unvermeidlichen
>> Hallooooo – darf ich dir mal ein paar Fragen stellen?
Ist für ne Umfrage und so! <<:

Ich bin aus einem guten Elternhaus und habe es mit den
Jahren gelernt wie man mit Fremden umzugehen und zu
sprechen hat. Da werde ich am helllichten Tag von einem
wildfremden Aushilfsstudenten auf öffentlicher Straße
angesprochen. Nicht nur das, er sagt >> Hallooooo ... <<
als wenn er mich gleich fragen wollte ob ich nicht mehr
alle Latten am Zaun habe, dann duzt er mich auch noch
einfach mal so.

Ich bin ja ein guter Mensch und helfe wo ich kann und
sage ihm im vorbeigehen >> Wenn Sie mit mir ein Stück
mitgehen wollen dann können Sie mich gerne fragen. <<
In Bruchteilen von Sekunden gehe ich nun zusammen

mit einem wildfremden Menschen über die Fußgängerzone.

>> Also wenn de jetzt nur mit dem Bus fahren würdest, wäre das dann für OKEY wenn der alle halbe Stunde fahren würde? << fragt mich der Fremde. >> Ich fahre nicht Bus und wenn, dann vielleicht 2mal im Jahr. << entgegne ich dem Fragenden um das Fragespiel möglichst sachlich zum Ende zu bringen. >> Ja aber wenn du echt nur Bus fahren würdest? << >> Dann hätte ich wahrscheinlich ein Problem mehr und könnte mit Sicherheit eine Meinung zu dem Thema haben. << Das Gespräch war mit dem Satz beendet.

Das Abrufen von Informationen beim Kunden sollte auf jeden Fall überlegter und nicht exzessiv betrieben werden. Fragen Sie den Kunden schriftlich mit einer einfachen Antwortmöglichkeit oder sprechen Sie ihn in einer richtigen Minute an.

Lassen Sie uns alle Freunde sein. Es hat keinen Sinn wenn der Eine den Anderen nicht leiden kann. Das bringt beiden Seiten nichts und führt nur zu Missverständnissen.

Ein regelmäßiges Update der Interessen oder der Wünsche des Kunden, sollte das wichtigste Kapital eines jeden Unternehmers werden. Dennoch muss auf die Häufigkeit und die Art geachtet werden.

Seien Sie kreativ! Lassen Sie sich etwas einfallen! Es muss nicht immer der teure Brief sein oder die Hochglanzflyer die Sie für Ihre Informationseintreibung benötigen. Seien Sie nicht das Tresenmariechen und gehen Sie auf Ihre Kunden zu.

Sprechen Sie als Kunde den Unternehmer an und sagen Sie Ihm was Ihnen nicht gefällt oder was Sie ändern würden. Es hilft Ihm bestimmt! Auch wenn Sie nicht gleich die Bestätigung bekommen. Erwarten Sie jedoch nichts. Dann ist die Endtäuschung nicht so groß.

Eine große Familie

Durch das ständige Begegnen beider Rassen (Kunde und Unternehmer) fangen beide an sich, trotz nötiger Sympathie, nicht zu leiden. Natürlich ist das nicht unumgänglich. Muss das überhaupt sein das beide sich nicht leiden können? Wenn man beide Parteien fragt werden diese selbstverständlich den anderen lieben.

Fachkreis an Mitgliedern, individueller Lohnausgaben **im Einkauf.** = Familie

Eine Familie kann sehr schnell zerbrechen. Ehen trennen sich oder werden geschieden. Egal wer der Auslöser ist oder wer sich abwendet. Familien gehen zu Bruch wenn einer auf Stur schaltet, keine Kommunikation betrieben wird und nicht einer Einlenkt. Wie oft ist es so, dass der Mann der Dumme ist. In der Wirtschaft ist auch nie der Kunde der Dumme, sondern der Unternehmer.

Bei Eheberatungen wird einem von guter Kommunikation erzählt und das man nicht in der Vergangenheit leben sollte. Altes sollte in der

Vergangenheit bleiben und nicht immer und immer
wieder durch mangelnden Respekt vorgeholt werden.

Wenn sich nun die Frage stellt warum die Familie zu
Bruch gegangen ist, macht sich große Verwunderung im
Raum breit. Jede Partei hat sofort eine Antwort parat.
Dem Mann sind die Gefühle und das familiäre Denken
egal. Der Frau, geht der Job des Mannes am „Arsch"
vorbei und die Kinder sind eh nur nervig. Ja, ja da ist
man so reingefallen. Sagen wir besser man wurde da so
reingedrängt.

Alles in allem kann man sagen, dass Familien schon eine
besondere Verbindung von Menschen ist. Besonders
wenn einer nicht ganz dicht ist. Viele können sich die
Familie auch nicht aussuchen. Da ist man einfach mal so
in der Familie.

Vergessen wir das, bevor ich noch anfange einen Roman
über eine zerrüttet Familie zu schreiben. Aber wie es das
Leben schreibt, kann es auch in der Wirtschaft, eine gute
Familiensituation und eine schlechte geben. In einer
sensationellen Familie funktioniert alles wie geschmiert.
Alle mögen sich, helfen einander wo sie nur können und
reden viel über Probleme. Interessant ist es, wenn man
auf etwas hingewiesen wird. Keiner will das, weil man ja
schließlich auch sein eigenes Leben hat. Aber oft kommt
es zu Besserung wenn man darüber nachdenkt und
versucht das angesprochene zu verbessern oder zu
ändern.

Stellen Sie sich nun bitte die Wirtschaft als Familie vor.
Egal wie oder wer in unserem Beispiel eine Rolle
bekommt, es wird immer aufgehen.

Stellen Sie sich das Verhältnis wie in einer zerrütteten
Familie vor. Das Einkaufen oder die Dienstleistung
würden zu Bauchschmerzen führen. Die Anspannung
wäre so groß das den Beteiligten Fehler passieren
würden. Trennung ist eine gute Sache in dem Moment.
Moralisch, ganz und gar oder auf Zeit. Leider passiert das
in der Wirtschaft zu häufig, dass Kunden nicht mehr
kommen, Unternehmen schlecht geredet werden oder
Geschäftskontakte wegen mangelnder Kommunikation
aufgelöst werden. Alle schalten auf Stur und dann haben
wir den Salat. Unternehmenssanierer sind dann die
modernen Familienrückführer. Mein Gott ist die Welt
schlecht geworden.

Anders ist es, wenn Sie sich nun bitte die Wirtschaft als
große 1A Familie vorstellen. Jeder kennt seinen Platz.
Jeder hilft dem anderen. Das muss nicht immer mit Taten
sein, sondern kann auch mit Rat erfolgen. Die
Zusammenkünfte würden harmonisch und unkompliziert
verlaufen. Keine Demonstrationen oder Streiks. Der
Unternehmer würde Kunden um Ihre Meinung bitten,
damit er eine bessere Entscheidung treffen kann und der
Kunde wäre jederzeit gern dazu bereit.

Familien sind, wenn Sie funktionieren, eine wundervolle
Sache. Und dann noch ein Familienbetrieb in der
familiären Wirtschaft. Das Paradies könnte nicht schöner
sein. Wäre da nicht der Apfel. Die verbotene Kraft der

Sinne die den Kunden zu Ungewohntem verleitet. Das Paradies ist täglich in Gefahr.

Fangen Sie an zu kommunizieren. Reden Sie mit anderen über Produkte. Folgend Sie dem Trend des Sozialmarketings und bringen Sie andere auf gute Produkte oder Dienstleistungen. Da hätten alle was davon. Übertreiben Sie es jedoch nicht. Werden Sie bloß nicht zu einem Werbepropheten und quatschen Sie jeden an der Ihnen über den Weg läuft. Muss ja nicht jeder wissen was Sie heute gegessen oder mit was Sie sich gereinigt haben.

Der beste Moment zur Änderung

Auch ich war einst nicht besser. Natürlich ist es mein Job anderen in Sachen Werbung zu helfen. Das sollte aber nicht heißen, dass ich alles schlecht machen muss. Oft ist es wichtig etwas zu sagen.

Das Telefon klingelt. Ich kenne die Nummer nicht also schmeiße ich mein gekonntes Lächeln auf und nehme freundlich den Hörer ab. Nach einer Kurzen Begrüßung erklang eine Frauenstimme am anderen Ende.
>> … machen Sie Flyer? <<. Welch frage, wo doch unser Logo auf dem Flyer zu sehen war. >> Selbstverständlich machen wir auch Flyer! << Wie bei jedem Unternehmer der täglich den gestrandeten Kunden erklären muss, dass auch er mit Wasser kochen würde, gab ich der netten Dame eine kleine Produktpräsentation am Telefon und vereinbarte einen Termin am Telefon.

Am nächsten Tag bin ich zu dem Geschäft des Ehepaars
gefahren. Auf den ersten Blick konnte ich erkennen, dass
die Schaufensterbeschriftung, Marke „Eigenbau" war.
Jede Stelle wo der Firmenname zu sehen war wurde
liebevoll das Logo einfach anders gestaltet. Wie schon
voran geschrieben ist das nicht unbedingt die schönste
Variante sein Unternehmen zu präsentieren.

Grundlegend war immernoch der Flyer das Wichtigste
was die Geschäftsinhaber machen wollten. Im
gemeinsamen Gespräch wurde schnell klar das der
Kunde nicht unbedingt zufrieden mit der Situation der
Werbung war. Das wichtigste wurde gemacht. Die
Neueröffnung wurde mit einem sauberen, schönen und
gepflegten Laden gemacht. Das einzige was ausgeblieben
war, waren die Kunden.

Der Richtige Moment noch etwas zu ändern. Wenn ein
Unternehmen nicht unbedingt einen Namen etabliert hat,
kann man noch alles retten. Anders wie bei
Geschäftsinhabern die einfach mal aufmachen und
schauen was es so gibt und was kommt, kann man in
solchen Situationen das Unternehmen noch auf die
richtige Bahn drücken. Natürlich konnte ich keine
wirtschaftlichen Ratschläge geben. Was die Werbung
anbelangt konnte ich jedoch helfen. Erinnern Sie sich
noch an das Waschlappenwunder? Wo soll man den
Waschlappen einsetzen wenn eigentlich noch keine
vernünftige Werbung vorhanden ist. Das was da war, war
sauber und mit Sicherheit nicht verschmutzt.
Nicht lange lamentieren sondern machen. Als erstes habe
ich den Kunden klar gemacht das wir uns auf ein
einheitliches Logo einigen müssen. Nicht so ein Ding

was man eben von einem Zeitungsanzeigenvertreter
nachmachen lassen konnte. Ein einheitliches Logo was
von Anfang an als EPS Datei im Besitz des Kunden sein
würde.

Nach einigen Tagen waren 5 Logovarianten fertig. Wie
es immer ist hat der Kunde sich für das erste, was
gemacht wurde, entschieden.

Nach der Auswahl des Logos wurden zusammen mit dem
Kunden seine Schaufenster gestaltet. Als die Gestaltung
fertig war konnten die Schaufenster mit dem neuen Logo
versehen werden.
Das Logo hat alles über das Unternehmen ausgesagt. Es
war einfach und konnte kostengünstig angefertigt
werden. Die Reproduktionskosten waren somit gering.
Einfarbig, 2 Farbig oder in der Kombination mit einer
dritten Farbe. Das Logo hatte ein erschreckend einfaches
Wiedererkennungsmerkmal.

Nachdem die Schaufenster professionell beschriftet
wurden, konnten Bilder gemacht werden. Einfach und
aussagekräftig. Nachdem das Bildmaterial ausgewertet
wurde und die schönsten Bilder in die werberelevanten
Ordner abgelegt wurden, konnten die Flyer gestaltet
werden.

Als ich zum wiederholten Mal zu dem Ehepaar gefahren
bin hat mir der Mann gesagt, dass die Schaufenster einen
so großen Werbeeffekt interlassen haben, dass am
nächsten Tag die ersten Kunden vor der Ladenöffnung
schon auf der Strasse gewartet haben. Ein Zustand den
wohl jeder Selbstständiger haben möchte.

Das ist die richtige Basis mit der Printwerbung
anzufangen. Nach dem ersten Layout konnten die Flyer
gedruckt werden. Auch hier war der Rücklaufeffekt
gigantisch.

Wenn Sie sich nicht sicher sind dann müssen Sie was
ändern. Und er beste Moment ist in der Regel JETZT!
Wenn Sie warten wollen dann scheint es Ihnen ja gut zu
gehen. Wenn es Ihnen nicht gut geht dann sollten Sie
anfangen etwas zu ändern. Wollen Sie was ändern? Nun
auch ich war mal Betriebsblind und konnte mich von
alten Werbemitteln nicht trennen.

Du bist Werbung

Egal was in der Wirtschaft und um uns herum passiert,
Werbung ist aus unserem Leben nicht wegzudenken.
Erinnern Sie sich noch an unseren Spaziergang durch die
Stadt? Sie müssten die Augen zu machen um sich dem
Sog der Werbung zu entziehen.

>> Ich bin keine werbungsabhängige Konsummarionette
die auf jeden Werbefeldzug reinfällt! << werden nun
einige von Ihnen denken. Das mag richtig sein! Lassen
Sie aber den Gedanken zu, dass Werbung Ihnen die
Information gibt die Sie haben wollen. Auch wenn uns
die Zeitungswerbung in der Sonntagzeitung mit den
Angeboten der kommenden Woche nervt, werfen wir
spätestens beim Geschäft auf dem Lokus einen Blick
darauf.

Egal wen wir kennen gelernt haben, alle haben etwas mit
Werbung zu tun! Denken wir an Ingo, unseren
Pinselpatrioten, mit seinem spitzen Produkt, der einfach
versäumt hat sich um seine Zielgruppe zu kümmern.
Unseren Soßenpromoter der eigentlich keine Verbindung
von Kühlregalen und Fertigsoßen erkennen konnte. Beide
haben nicht erkannt das, dass Wichtigste die Zielgruppe
ist.

Das moderne Marketing bestimmt die Zielgruppe und das
Werbemittel was für die Information genommen wird.
Alles wäre ein Ding der Unmöglichkeit wenn es keine
Zielgruppe geben würde, beziehungsweise es keinen
gäbe den man befragen könnte. Sie müssen diese
Befragungen in den unterschiedlichsten Formen über sich
ergehen lassen, um Ihr künftiges Produkt zu bestimmen.

Um kein Geld zu vernichten, muss Marketing gemacht
werden und die Werbung muss geplant und strukturiert
ablaufen.

Denken Sie an unseren Aushilfsstudenten der einfach
nur eine Information haben wollte. Wenn Sie ein
Busfahrender Bürger sind und unserem Fragehobbit diese
Information gegeben hätten, würden Sie wahrscheinlich
zur Änderung der Buslinien und den Zeiten beitragen.
Natürlich kann man nicht sagen, dass der Ort und die Zeit
unbedingt passend sind, aber wie sollte der junge
Statistikerfaser denn an die Information gelangen? Mit
aufwendigen Anschreiben die eh im Müll landen?

Wir sind eine Gesellschaft die von Informationen lebt. Täglich werden Statistiken erstellt, veröffentlicht und konsumiert.

Auch wenn uns manche Informationen nicht recht treffend vorkommen, verzichten wollen wir auf das psychologische Schmeicheln eigentlich nicht. Natürlich gibt es Produkte in Ihrem Bad die einfach einen super Effekt hervorrufen und diese Ihr Gefühl verbessern. Kaufen Sie ein Produkt wo einfach nur „Seife" draufsteht? Sie wollen doch wissen was in ihr enthalten ist und warum gerade die besser ist als alle anderen. Produkte werden heute auf Sie zugeschnitten. Sie wollen etwas, Sie bekommen es.

Fangen Sie an Ihre Werbepost zu betrachten. Mit Sicherheit gibt es ein Schnäppchen oder etwas Interessantes für Sie. Wollen Sie, dass Ihnen etwas im Leben entgeht? Viele haben es und sind glücklich! Nutzen Sie moderne Medien die Ihnen auf unterschiedlichste Wege Informationen zukommen lassen. Der Handel war noch nie so schnelllebig und so global. Sie können über das Internet auf eine Produktpalette zugreifen die Ihnen vor Jahren verwehrt war.

Wenn Ihnen ein Produkt zusagt und Sie es öfter als einmal konsumieren, dann setzten Sie sich doch für den Anbieter ein! Wenn Sie es tun dann können Sie mit hoher Wahrscheinlichkeit länger von dem Produkt profitieren. Machen Sie doch für „Dieters Würstchen-Bude" Werbung, wenn Ihnen die Currywurst schmeckt. Nur von Ihnen alleine kann Dieter nicht überleben.

Wenn Sie Unternehmer sind dann holen Sie sich Hilfe von einem Dienstleister der Werbebranche. Werbung „Marke Eigenbau" kann nie so erfolgreich sein wie klug durchdachte Werbefeldzüge oder eine gekonnt gestaltete Imagebroschüre. Herr Ford meinte einst: „ Wer versucht Geld zu sparen indem er keine Werbung macht, kann ebenso versuchen die Uhr anzuhalten um Zeit zu sparen!"

Leider haben Kunden und Unternehmer mit der Reizüberflutung der heutigen Werbeindustrie zu kämpfen. Aber dennoch wird auf klassische Werbung gesetzt. Versuche ein alt eingesessenes Autohaus von der Zeitungswerbung abzubringen ist hoffnungslos. Der Kunde ist daran gewöhnt und das Autohaus hat schon fast einen festen Platz in der Zeitung. Wie spektakulär wäre es jetzt wenn das Autohaus auf einmal einen großen LKW mit Werbung durch die Strassen der Stadt fahren lassen würde? Abwechslung tut auch im normalen Leben gut. Ebenso in der Werbewelt.

Werbung wird zu oft als nervig oder als eine Seuche angesehen. Warum? Alle profitieren davon und ohne Werbung würde der Kreislauf der Wirtschaft stehen bleiben.

Lassen Sie sich auf das Spiel namens „Werbung" ein und agieren Sie als Kunde oder Unternehmer aktiv im Spielgeschehen mit. Geben Sie den großen Firmen Stoff für deren Werbebotschaften und lassen Sie sich inspirieren.

Der wohl beste TV-Spot aller Zeiten ist der aus dem
Sommer 2008 von einem deutschen
Telekommunikationsanbieter. In dem Spot wird einfach
eine Szene einer Talentshow gezeigt. Ein nicht besonders
gut aussehender junger Mann tritt auf die Bühne und will
ein Stück aus einer Oper singen. Der Spot zeigt auf
welchen Wegen der modernen Kommunikation diese
Szene gesehen werden kann. Der Gesang geht unter die
Haut und die Botschaft kommt wie auf Butter angerichtet
in den Gaumen der Zuschauer. Das ist Werbung die ohne
den jungen Mann nicht funktionieren würde. Das ist
Werbung die der Zuschauer entschieden hat, weil der
junge Mann den Talentwettbewerb gewonnen hat. Ohne
die Mithilfe von tausenden Zuschauern der Show würde
der Spot mit hoher Wahrscheinlichkeit nicht zu Stande
gekommen sein.

Sie bestimmen was Sie sehen wollen, was Sie begeistert
und was Sie haben wollen.

Sie sind das Wichtigste in dem Spiel. Ohne Sie würde
das ganze nicht funktionieren.

Sie sind die Zielgruppe sobald Sie ein Produkt kaufen
und bei einem Gewinnspiel mitmachen.

Sie geben den Takt an, in dem die Produkte auf den
Markt kommen.

Sie dürfen nie vergessen: Du bist Werbung!

Nachwort

Danke das Sie das Buch gekauft haben!
Sollten Sie auf Rechtschreibfehler gestoßen sein ist das
nicht schlimm. Es ist Ihre Chance!

Zählen Sie alle grammatikalischen Fehlschläge und
schicken Sie Ihre Lösung an:

buchfehler@delux-promotion.de

Unter allen richtigen Einsendungen verlosen wir
insgesamt 20 Freiexemplarexemplar welche vom Autor
unterschrieben sind.

Viel Spaß beim zählen

Und hier können Sie selber ein Buch schreiben: